DK TRAVEL

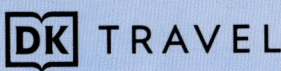

TOP 10 BARCELONA

AF277093

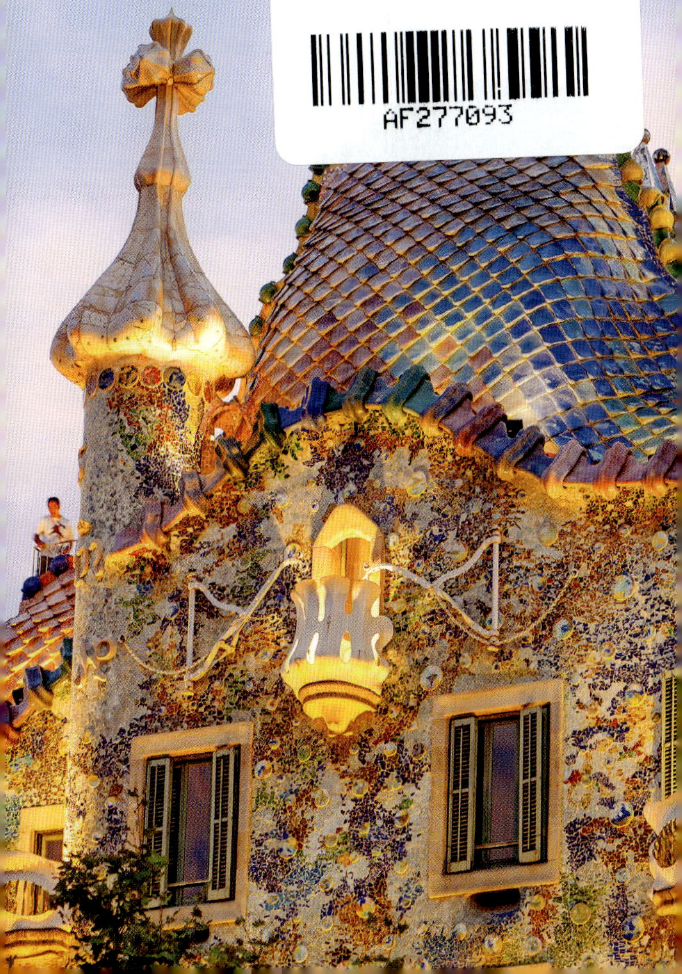

CONTENIDOS

4

Descubriendo Barcelona

18

Top 10 Barcelona

BARCELONA

DESCUBRIENDO

La silueta de Barcelona desde el Park Güell

BIENVENIDO A
BARCELONA

Bañada por el sol, elegante y extraordinariamente
cautivadora, Barcelona combina arte, historia y diseño
de vanguardia con encanto mediterráneo. No te pierdas
nada. Disfruta de lo mejor de la ciudad con la ayuda de
la guía Top 10 Barcelona.

En esta ciudad, el pasado cobra vida
y 2.000 años de historia susurran
desde sus murallas romanas y sus
palacios medievales. Ningún lugar lo
ejemplifica mejor que el Barri Gòtic,
un laberinto de callejuelas históricas
y plazas dominadas por gárgolas

y una catedral del siglo XII. Dando
un salto en el tiempo se llega
a La Rambla, donde destacan
maravillosas mansiones modernistas
de arquitectos que hicieron de la
ciudad su lugar de recreo a principios
del siglo XX. Aquí hay edificios que

El ir y venir cotidiano en Barcelona

simulan dragones (Casa Batlló) u olas (La Pedrera), y también es posible pasear por el Park Güell, todos obra de Antoni Gaudí. Su creación más famosa, la Sagrada Família, se ve desde casi cualquier lugar de la ciudad. Las agujas de la catedral se proyectan cada vez más hacia el cielo a medida que se acerca la fecha de finalización. Pero no solo se trata de la arquitectura: vale la pena visitar el Museu Nacional d'Art de Catalunya o los dedicados a Picasso y Miró para comprobar cómo ha influido la ciudad en el arte y cómo continúa haciéndolo.

Como orgullosa capital de Cataluña, Barcelona es también el centro de sus tradiciones. Un paseo por los barrios que conforman la ciudad permite apreciar el animado ambiente de la ciudad: desde las fiestas locales, donde los participantes se visten de demonios y esquivan dragones que escupen fuego, hasta la gastronomía catalana, que guarda su esencia por mucho que se reinvente; sin olvidar la pasión que se vive en el estadio del Camp Nou, donde los aficionados acuden a ver jugar al FC Barcelona.

Esta guía Top 10 reúne lo mejor que Barcelona puede ofrecer, con sencillas listas con las 10 mejores opciones, consejos de expertos y mapas y planos detallados, que hacen del viaje una experiencia extraordinaria.

HISTORIA DE
BARCELONA

La historia de Barcelona es apasionante, desde el remanso de paz que fue en época romana a la ciudad cosmopolita de hoy. Su suerte, ligada a la de Cataluña, ha visto días de gloria, como durante el apogeo comercial medieval, y tiempos difíciles, como la derrota en el terrible asedio de 1714. Y, sin embargo, siempre resurge mejor de sus cenizas. He aquí su historia.

Los inicios de Barcelona

Aunque hay huellas de asentamientos que datan de alrededor de 5000 años a. C., no fue hasta aproximadamente 1000 años a. C. que los layetanos, un pueblo íbero, se asentaron en esta región fértil, entonces conocida como Barkeno. La ciudad comenzó a tomar forma bajo los romanos, quienes se asentaron en la zona alrededor del 218 a. C., durante la conquista de la península Ibérica. La entonces Barcino permaneció a la sombra de la capital provincial, Tarraco (la actual Tarragona), pero prosperó gracias a la agricultura y al vino, que se exportaba a todo el imperio. A finales del siglo II d. C., la población alcanzaba los 5.000 habitantes. Sin embargo, a medida que el Imperio romano comenzó a desintegrarse, varias tribus germánicas aprovecharon para avanzar hacia el sur de la península, conquistando extensas áreas de territorio.

El saqueo visigodo y la conquista del califato

Pocas tribus germánicas se quedaron en Barcelona: la mayoría saqueó y se fue, hasta la llegada de los visigodos a principios del siglo V. El jefe visigodo Ataúlfo (*c. 370-415*) hizo de esta próspera y bien fortificada ciudad portuaria su capital, construyendo la basílica visigoda (cuyos restos aún son visibles debajo del Palau Reial, *p. 82*) y marcando el inicio de una breve época de paz. A medida que el reino visigodo iba dominando la Hispania romana, la capital se trasladó a Toledo y Barcelona cayó en declive. En el 711, los ejércitos del califato omeya cruzaron desde el norte de África y rápidamente

Mosaico romano que narra el sacrificio de Ifigenia

**El califato omeya conquistó
la península ibérica en 711**

se hicieron con el control de buena
parte de la península. Destruyeron
y conquistaron Tarraco en el 717 y
Barcelona se rindió para evitar sufrir el
mismo destino. El resultado fue casi un
siglo de poder musulmán, durante el cual
la catedral se convirtió en mezquita.

El nacimiento de Catalunya

Decididos a restaurar el cristianismo
y expandir sus territorios más allá
de Francia, los francos se enfrentaron
al avance musulmán y, tras un
prolongado asedio en el año 801,
Luis el Piadoso, hijo de Carlomagno,
tomó Barcelona. La ciudad quedó
bajo el control de los caudillos locales
antes de que el recién nombrado conde
de Barcelona asumiera el gobierno de
la ciudad y de la región catalana
en nombre del Imperio carolingio.
En el 878, el primer conde, Wifredo
el Velloso (Guifré el Pelós), unificó
varios condados catalanes, incluida
Barcelona, y estableció una dinastía
hereditaria que duraría 500 años.

En los siglos siguientes, Barcelona
se independizó del control franco y se
enriqueció a través del comercio y la
unión dinástica entre Cataluña y Aragón
en 1137. Se convirtió en una de las
principales ciudades europeas, conocida
por su arte y arquitectura románica
y gótica, por sus importantes rutas
comerciales por el Mediterráneo e
incluso por un naciente imperio que
brevemente se extendió hasta Atenas.

Hitos históricos

550 a. C.
Los griegos establecieron un
asentamiento comercial en Empúries.

878
Los francos establecen el condado
de Barcelona, que controla una
zona de las Marcas españolas
que incluye Barcelona.

1348-1375
Cinco brotes de la peste negra
diezman a la población
de la ciudad.

1714
Barcelona cae ante los ejércitos
que apoyan a los Borbones tras un
asedio de 13 meses en el que mueren
7.000 residentes y se producen
40.000 disparos de cañón.

1848
Se abre la primera línea ferroviaria en
España, que une Barcelona con Mataró,
claves para la industria del algodón.

1936

En los primeros años de la Guerra Civil, los obreros y milicianos de Barcelona consiguieron impedir el avance de las tropas franquistas.

1977

El presidente de Cataluña en el exilio, Josep Tarradellas, vuelve a Barcelona y se restaura la Generalitat.

1992

Se celebran los Juegos Olímpicos de verano en Barcelona, lo que supuso un éxito económico y cultural.

2017

Se celebra un referéndum soberanista y se declara la independencia sin la autorización del Gobierno español, que pronto lo declara ilegal.

2022

Barcelona se convierte en la primera ciudad que gana el certificado Biosphere Platinum, que reconoce las políticas de turismo sostenible.

De la prosperidad a la decadencia

A pesar de la prosperidad, había indicios de que el progreso no iba a durar. En el siglo XIV, la peste y la hambruna devastaron la ciudad, mientras que los pogromos contra los judíos mermaron a la población. Cuando gran parte de España se unió mediante el matrimonio de los Reyes Católicos, en 1469, el poder se fue trasladando a Castilla, y los monarcas excluyeron a Barcelona del comercio con América. Las crecientes tensiones llevaron a la región catalana a luchar contra la Corona española tanto durante la Guerra de los Treinta Años como durante la Guerra de Sucesión española. Durante esta última, Barcelona cayó ante los ejércitos borbónicos de Felipe V tras resistir un asedio implacable de casi 14 meses; la fecha (11 de septiembre de 1714) aún se conmemora como el Día Nacional de Cataluña. Los Borbones prohibieron el catalán, abolieron las instituciones políticas de la región y construyeron una enorme fortaleza para vigilar Barcelona.

La *Renaixença* y la dictadura

A pesar del sometimiento, Barcelona se recuperó y expandió durante la Revolución Industrial del siglo XIX. Aquí se construyó

Firma del Tratado de los Pirineos que puso fin a la guerra francoespañola

El general Franco habla a la población de Tarragona

la primera línea ferroviaria de España (entre Barcelona y Mataró) y se convirtió en uno de los principales centros de producción de algodón del mundo. Con la afluencia de dinero, surgió un renovado orgullo por la lengua y la cultura catalanas, conocido como la *Renaixença*. Este movimiento se expresó en el arte, la literatura y la arquitectura modernista, de la que los máximos exponentes fueron Antoni Gaudí y Lluís Domènech i Montaner, que captaron la esencia de la identidad catalana.

En 1887, se fundó el primer partido de autonomía, la Lliga de Catalunya, y a principios del siglo XX, las demandas de autonomía se hicieron cada vez más contundentes. Este impulso alcanzó su punto máximo en 1931, cuando el presidente catalán Francesc Macià declaró la República de Catalunya. Sin embargo, pronto le siguió la sangrienta Guerra Civil. Barcelona se convirtió en uno de los últimos reductos republicanos y fue intensamente bombardeada por las tropas del general Franco. Tras la victoria de este último en 1939, se despojó a Cataluña de su autonomía y se reprimieron severamente su idioma y tradiciones.

La Barcelona actual

Después de la muerte de Franco en 1975, se restauró la democracia y se crearon 17 autonomías, entre ellas Cataluña, donde se restauró el gobierno regional de la Generalitat. La ciudad fue elegida para albergar los Juegos Olímpicos de 1992, lo que dio lugar a un plan de renovación que transformó la ciudad y la situó en el mapa turístico. Sin embargo, las tensiones sobre la independencia continuaron latentes, alcanzando un punto crítico durante la crisis económica de 2008. El 1 de octubre de 2017 el Gobierno de Cataluña convocó un referéndum de independencia que se declaró ilegal.

A pesar de la tensión, Barcelona sigue siendo uno de los destinos más populares de Europa gracias a su combinación de arte, historia y cultura inclusiva. Ha sido también reconocida por sus políticas innovadoras para abordar desafíos globales como el cambio climático.

Una marcha proindependentista con ocasión del Día Nacional de Catalunya

TOP 10
EXPERIENCIAS

Esta guía ayuda a organizar el viaje perfecto tanto para los que visitan Barcelona por primera vez como para los que repiten. Para aprovechar el tiempo al máximo y disfrutar de lo mejor que esta ciudad mediterránea puede ofrecer, no hay que olvidar añadir estas experiencias a la visita.

1 Ir a la playa
A orillas del Mediterráneo, la ciudad tiene más de 4 kilómetros de espléndidas playas, ideales para tomar el sol, relajarse, darse un baño o practicar deportes como el windsurf o el vóley playa.

2 Vivir las *festes*
Barcelona celebra fantásticas fiestas de barrio (*festes*, en catalán) con gran arraigo, donde *gegants* (gigantes), *correfocs* (correfuegos) y dragones recorren las calles. Suelen ser habituales la música en directo, las terrazas y las fiestas en la calle.

3 Subir a las torres de la Sagrada Família
El interior de la Sagrada Família de Antoni Gaudí es fascinante, pero lo que de verdad deja sin respiración son las vistas desde las torres. Al salir del ascensor, la ciudad se extiende ante los ojos del visitante y, para bajar, hay que hacerlo por una escalera de caracol.

4 Recorrer el pasado romano
En el corazón medieval de Barcelona se conserva un palimpsesto de la Barcino romana, además de murallas, baños y columnas de templos incorporadas a edificios góticos. Se puede conocer algo de la historia romana en el MUHBA (Museu d'Història de Barcelona), que posee la mayor excavación romana fuera de Roma.

5 Visitar el Tibidabo

El Tibidabo, la montaña más alta de Barcelona, con 517 m, alberga un parque de atracciones con vistas espectaculares de la ciudad. Se puede disfrutar de atracciones tradicionales como el avión rojo de 1927 muy bien conservado y de una colorida noria.

6 Asistir a un partido

Con motivo de las obras de remodelación llevadas a cabo en el Camp Nou, desde finales de 2024 el retorno de la hinchada está siendo progresivo. El estadio del FC Barcelona estará listo al completo en la temporada 2026-2027.

7 Visitar los museos de arte

Barcelona cuenta con excelentes museos que recorren la historia del arte milenario catalán, desde los frescos románicos del MNAC a las obras de gigantes del siglo XX como Pablo Picasso, Joan Miró y Antoni Tàpies.

8 Pasear por sus parques

Los parques de la ciudad constituyen un respiro frente a la agitación urbana de Barcelona. El Parc de la Ciutadella es un bello oasis, mientras que los preciosos parques y jardines de Montjuïc son perfectos para un pícnic con vistas de la ciudad.

9 Probar la cocina mediterránea

La cocina catalana es excelente, ya que combina la tradición y los productos frescos de la tierra. Nada como probar alguno de sus platos mirando al mar y acompañarlo después de una larga sobremesa.

10 Tomar el vermut

La hora del vermut es un acto social muy extendido en Barcelona. Familiares y amigos se reúnen para tomar este vino aromatizado de sabor amargo como aperitivo antes de comer, que se suele acompañar de aceitunas o anchoas.

ITINERARIOS

Buscar un buen sitio para comer, pasear por La Rambla, maravillarse con las obras de Gaudí o simplemente disfrutar de las vistas es solamente una pequeña parte de lo que ofrecen estos itinerarios de 2 y 4 días, que ayudan a aprovechar al máximo la visita a Barcelona.

2 DÍAS

La fachada de la Casa Batló, una creación de Antoni Gaudí

 COMER
En el Mercat de Santa Caterina encontrarás un par de bares estupendos: el Bar Joan, conocido por sus menús (siempre hay paella los jueves) y el Bar L'Univers, que sirve buenas tapas, algunas de ellas de marisco.

Día 1

Mañana
Comienza el día en la **Plaça de Sant Jaume** *(p. 81)*, que ha sido sede del Gobierno de la ciudad desde la Edad Media. Desde el centro de la plaza se aprecian joyas góticas como el Palau de la Generalitat, sede del Gobierno catalán *(p. 81)* y el Ajuntament. Puedes adentrarte en las pintorescas calles de El Call *(p. 82)*, el antiguo barrio judío, hasta llegar a la **Sinagoga Major** de Barcelona *(sinagoga-mayor.com)*, una de las más antiguas de Europa. Se puede parar en **Salterio** *(p. 88)*, con su impresionante colección de

tés, antes de salir a la **Plaça Felip Neri** *(p. 84)*. Desde aquí está a tiro de piedra la **catedral** de Barcelona *(p. 28)*, levantada en estilo gótico catalán en 1298. Dirígete hacia el este por Via Laietana hasta que veas el multicolor techo ondulado del **Mercat de Santa Caterina**, donde puedes sentarte a comer en Cuines Santa Caterina *(grupotragaluz.com)* rodeado de puestos repletos de productos frescos.

Tarde
Pasea por el elegante **Passeig de Gràcia** y maravíllate con los mejores edificios modernistas de la ciudad, uno de los cuales es la **Casa Batló** *(p. 50)*, quizás la obra maestra de Antoni Gaudí. Continúa para admirar la sinuosa fachada de **La Pedrera** *(p. 34)*, otro edificio surgido de la imaginación desbordante de Gaudí. Termina la jornada con una cena en **Windsor** *(p. 117)*, uno de los mejores restaurantes de la ciudad para degustar la cocina catalana.

La catedral de Barcelona iluminada al anochecer

Día 2

Mañana

Vale la pena empezar el día en el **Park Güell,** diseñado por Gaudí *(p. 32).* Se recomienda empezar temprano para evitar la mayor afluencia de visitantes y reservar las entradas con antelación. Tómate tu tiempo para recorrer sus rincones y pasea luego por las elegantes avenidas del barrio de Gràcia. Puedes tomarte un respiro en la hermosa **Plaça de la Virreina** –**La Cafetera** *(p. 123)* es un sitio ideal para tomarse un café o un vermut– antes de visitar las tiendas de **Carrer Verdi,** como Picnic y Nana Banana *(p. 122).* Disfruta de un merecido almuerzo a base de tapas en la terraza de **Marcelino** *(Plaça del Sol 2)* en otra de las bonitas plazas de Gràcia, la **Plaça del Sol** *(p. 53).*

Tarde

Un paseo de 20 minutos o un trayecto en metro (línea 5 desde **Diagonal** hasta Sagrada Família) te llevará a la **Sagrada Família** *(p. 22),* una maravilla gótica y modernista donde puedes pasar la tarde admirando el genio de Gaudí en todo su esplendor. Asegúrate de subir en ascensor hasta las torres para disfrutar de las estupendas vistas de la ciudad. Luego, te puedes dirigir en metro (línea 5 desde **Sagrada Família** hasta **Verdaguer,** después línea 4 hasta **Barceloneta)** a la playa, para tomar allí un aperitivo y cenar mirando al mar en **Barraca** *(p. 109).*

---

0 metros 800

2 Park Güell

La Cafetera

Plaça de la Virreina
Carrer Verdi
Plaça del Sol
Marcelino

GRÀCIA

Windsor

Diagonal
Sagrada
Família
Verdaguer
METRO LÍNEA 5

La Pedrera

Sagrada
Família

Casa Batlló

L'EIXAMPLE

Passeig de
Gràcia

METRO LÍNEA 4

**BARRI
GÒTIC**

Mercat
de Santa
Caterina

**Ver
plano
inferior**

Barceloneta

Plaça
Felip Neri

Catedral

Sinagoga
Major

Salterio

1 Plaça de
Sant Jaume

Barraca

0 metros 200

🛍 **COMPRAR**
Gràcia es conocida por sus *boutiques* independientes, especialmente en Carrer Verdi y Carrer Bonavista. Si se buscan caprichos gastronómicos, se pueden recorrer las tiendas que hay en torno al Mercat de la Llibertat.

4 DÍAS

Día 1

Vale la pena comenzar empapándose de la historia de Barcelona en el Barri Gòtic. En el **Museu d'Història de Barcelona** (MUHBA, *p. 82*) hallarás las ruinas romanas subterráneas más grandes de Europa, el salón del trono en el que Cristóbal Colón se reunió con los Reyes Católicos y una capilla gótica. Junto al museo está la **catedral medieval de Barcelona** (*p. 28*) con su espléndido interior gótico y su elegante claustro. Después, pasea por **La Rambla** (*p. 26*) hasta **La Boqueria,** un mercado de productos frescos con unos 330 puestos, donde puedes almorzar en **Clemen's.** Con el estómago lleno, pon rumbo al **Palau de la Música Catalana** (*p. 40*) para una visita a esta magnífica sala de conciertos modernista con un impresionante lucernario de vidrieras. La jornada concluye con una cena con vistas a una plaza medieval en **Café L'Antiquari** (*p. 89*).

> **VISTAS**
> Toma el ascensor hasta las terrazas de la catedral de Barcelona para admirar las vistas de la ciudad en compañía de las gárgolas. Hay más de 160, entre ellas un elefante y un unicornio.

Día 2

Comienza admirando algunas de las 5.000 obras del excelente **Museo Picasso** (*p. 38*), ubicado en cinco palacios góticos. Pasa gran parte de la mañana aquí antes de pasear hasta la iglesia gótica de **Santa María del Mar,** también conocida como la catedral del mar (*p. 82*). Visita el sobrio interior de este templo y no te olvides de disfrutar de las fabulosas vistas desde la

El Mercat de Sant Antoni, con su estructura de acero

azotea. Después de un delicioso almuerzo en **Casa Delfín** (*p. 89*), date un paseo por el **Parc de la Ciutadella** (*p. 106*), el mayor espacio verde del centro de la ciudad. Alquila un bote para remar por el lago, acompañado de patos, cisnes y garzas, antes de recorrer las calles de moda del **Poblenou**, donde puedes degustar tapas creativas en **El 58** (*Rambla de Poblenou 58*).

Día 3

Desayuna en el **Mercat de Sant Antoni** (*p. 70*), restaurado con gusto y puestos repletos de productos frescos. Después, dirígete a la montaña de Montjuïc. Pasa

La iglesia de Santa Maria del Mar, del siglo XIV

el resto de la mañana admirando las magníficas obras de arte de la **Fundació Joan Miró** (*p. 36*), donde también puedes disfrutar de impresionantes vistas de la ciudad desde la terraza y almorzar de manera relajada en el café del museo. Baja luego hasta la parada del teleférico en **Miramar** para subir a uno de los pequeños teleféricos rojos que cruzan el puerto hacia la Barceloneta. Aquí puedes relajarte en la playa y darte un chapuzón antes de recorrer el paseo marítimo hasta **El Gallito** (*p. 109*) para saborear especialidades de mariscos mientras ves caer la noche sobre el Mediterráneo.

Día 4

Pasa la mañana viendo arte moderno en el **Museu d'Art Contemporani de Barcelona** (MACBA, *p. 36*), ubicado en un deslumbrante edificio blanco en el corazón del barrio del Raval. Después de una pausa para el café en el museo, es hora de ir de compras. Dirígete a **Carrer Tallers** para visitar las tiendas de moda *vintage* (*p. 92*), antes de disfrutar de un almuerzo ligero en **Caravelle** (*p. 97*). Luego, cruza la bulliciosa **Plaça de Catalunya** hasta el **Passeig de Gràcia**; esta elegante avenida combina franquicias y tiendas de marcas. También es donde se encuentran los mejores ejemplos de mansiones modernistas, incluyendo la **Casa Batlló** (*p. 50*), que es la parada ideal para finalizar el viaje. Nada mejor que acabarlo con una cena y una copa en el animado **Velódromo** (*p. 116*).

TOP 10 BARCELONA

Casa Mila

LO ESENCIAL DE
BARCELONA

Barcelona cuenta con algunos lugares que no debes perderte. Descubre en las páginas siguientes por qué cada uno de ellos es una visita obligada.

LES CORTS

CARRER DEL MIG DE SANTS

RONDA

RONDA DE SANT PAU

AVINGUDA DEL PARAL·LEL

❹

MONTJUÏC

❼

Parc de Montjuïc

❶ Sagrada Família

❷ La Rambla

❸ Catedral de Barcelona

❹ Museu Nacional d'Art de Catalunya

❺ Park Güell

❻ La Pedrera

❼ Fundació Joan Miró

❽ Museu Picasso

❾ Palau de la Música Catalana

❿ MACBA y CCCB

TRAVESSERA DE DALT

GRÀCIA

TRAVESSERA DE GRACIA

PASSEIG DE GRACIA

CARRER DE SICILIA

5

L'EIXAMPLE

PASSEIG DE GRACIA

6

AVINGUDA DIAGONAL

CARRER D'ARAGO

SANT JOAN

1

AVINGUDA GRAN VIA DE LES CORTS CATALANES

PLAÇA DE CATALUNYA

RONDA DE SANT PERE

10

LA RAMBLA

EL RAVAL

3

VIA LAIETANA

BARRI GÒTIC

9

2

8

Parc de la Ciutadella

BARCELONETA

0 metros   500

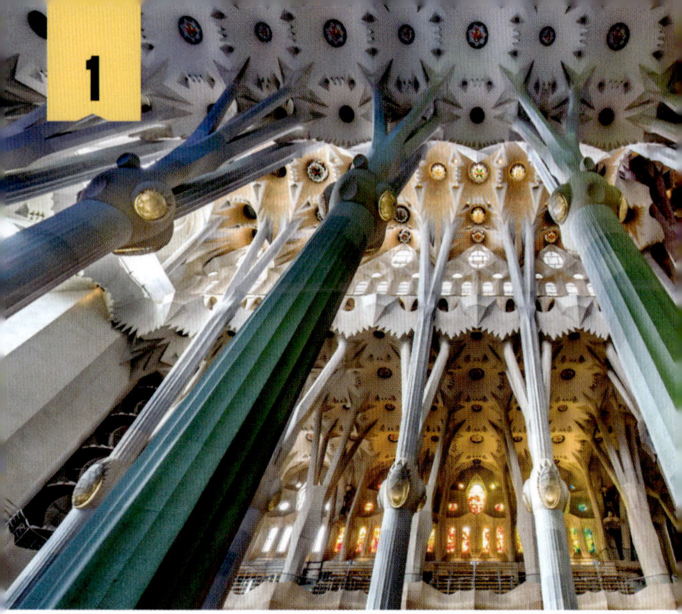

SAGRADA FAMÍLIA

📍 G2 🏛 Entradas: C/Marina (solo grupos) y C/Sardenya 🕐 9.00-18.00 diario (mar y oct: hasta 19.00; abr-sep: hasta 20.00) 🌐 sagradafamilia.org 🔗📷

La Sagrada Família, de Antoni Gaudí, es una proeza de la imaginación. Ofrece a los visitantes la oportunidad de ver una maravilla del mundo en construcción. En los últimos 90 años, los escultores y arquitectos han seguido construyendo el sueño de Gaudí. 2026 es el año de la conmemoración del centenario de la muerte de Gaudí.

La Sagrada Família y su reflejo en el agua

1 Nave
El inmenso cuerpo central de la basílica, actualmente acabado, está formado por columnas inclinadas que parecen árboles, con ramas inspiradas en las de un bananero, que se extienden por el techo; el efecto de conjunto es el de un bosque de piedra.

2 Ábside
Adornado con lagartos, serpientes y cuatro caracoles gigantes, el ábside fue lo primero que terminó Gaudí. Las vidrieras filtran la luz con gran belleza.

> **CONSEJO TOP 10**
>
> La luz que da en la fachada de la Natividad a las 8.00 es ideal para hacer fotos.

3 Modelo colgante
Este artilugio muestra el ingenio de Gaudí, que creó este dispositivo tridimensional con cadenas y pequeños sacos suspendidos llenos de bolas de plomo como modelo para arcos y techos abovedados de la cripta de la Colonia Güell.

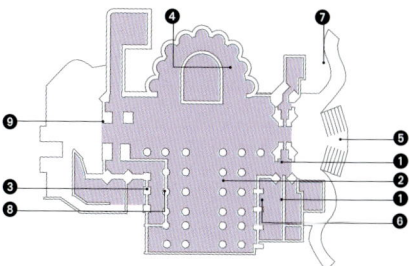

Planta de la Sagrada Família

La elevada nave de la iglesia y su espectacular techo

4 Claustro del Rosario

Es el único claustro terminado por Gaudí y sus imágenes se cree que están inspiradas en los disturbios anarquistas que se iniciaron en 1909. La tentación del hombre por el Diablo está representada por la escultura de una serpiente enrollada en torno a un manifestante.

5 Museo de la cripta

Gaudí reposa actualmente en la cripta y su tumba puede verse desde el museo. Gracias a una presentación audiovisual, el museo proporciona mucha información sobre la construcción de la basílica. Lo más destacado es el taller de maquetas, que crea modelos a escala para las obras en curso.

6 Torres

El proyecto de Gaudí incluía 18 torres. Para ver de cerca el revestimiento de mosaico y las gárgolas de las torres, hay que tomar uno de los dos ascensores situados en cada fachada; las vistas son espectaculares.

7 Escaleras de caracol

Estas escaleras helicoidales de piedra, que suben a las torres, tienen una forma que recuerda a la concha de un caracol.

8 Fachada de la Natividad

El amor de Gaudí por la naturaleza es visible en esta fachada, la más antigua del edificio. Hasta 100 plantas y animales están esculpidos en piedra. Dos tortugas sostienen las dos columnas principales.

9 Fachada de la Pasión

Construida entre 1954 y 2002, esta fachada de Josep Subirachs representa el sacrificio y el dolor de Jesús. La diferencia entre el aire gótico y austero del estilo de Subirachs y la complejidad de la obra de Gaudí ha suscitado una gran controversia.

10 Una obra inacabada

La basílica bulle de actividad. Escultores colgados de las torres, picapedreros tallando enormes bloques de piedra y grúas y andamios por todas partes. Observar las obras permite apreciar las dimensiones monumentales del proyecto.

Las esculturas talladas de la fachada de la Natividad

Fechas clave de la Sagrada Família

1. 1882
Se coloca oficialmente la primera piedra de la Sagrada Família. El arquitecto Francesc del Villar dirige el proyecto. Villar dimite muy pronto debido a los desacuerdos con los fundadores religiosos de la iglesia.

2. 1883
El joven y prometedor Antoni Gaudí es nombrado arquitecto principal de la obra. Dedicará sus próximos 40 años de vida al proyecto: al final, incluso vive en el lugar.

3. 1889
Se completa la cripta de la iglesia, que está rodeada por una serie de capillas, una de las cuales albergará más tarde la tumba de Gaudí.

4. 1904
Se dan los toques finales a la fachada del Nacimiento, que representa a Jesús, María y José en medio de un coro de ángeles.

5. 1925
Se termina la primera de las 18 torres campanario previstas, de 100 m de altura.

Una de las esculturas de la fachada de la Pasión

6. 1926
El 10 de junio, Gaudí muere atropellado por un tranvía al cruzar la calle, cerca de su amada iglesia.

7. 1936
El levantamiento militar y la Guerra Civil española hacen que las obras de la Sagrada Família se paralicen durante unos 20 años. Durante este periodo, el estudio de Gaudí y la cripta de la Sagrada Família son incendiados por los revolucionarios, que están en contra de la Iglesia católica por apoyar al bando nacional.

8. 1987–1990
El escultor y pintor Josep Maria Subirachs (1927-2014) vive en la Sagrada Família, igual que hizo su famoso predecesor. Subirachs completa las estatuas de la fachada de la Pasión. Sus esculturas angulares provocan críticas y también elogios.

9. 2000
El 31 de diciembre, finalmente, la nave se declara terminada.

10. 2010–2023
Se completa el interior de la iglesia y en 2010 el papa Benedicto XVI la consagra como basílica. En 2018 se añade el León de Judá, entre otras cosas, a la fachada de la Pasión. La torre de la Virgen María se concluye en 2021, en 2023 las cuatro torres dedicadas a los Evangelistas y en 2024 la estructura principal de la torre central.

La cripta de la Sagrada Família, donde descansan los restos de Gaudí

ANTONI GAUDÍ

Antoni Gaudí, abanderado del movimiento modernista de finales del siglo XIX, es el arquitecto más famoso de Barcelona y una figura reconocida en todo el mundo. Ferviente nacionalista catalán y devoto católico, llevó una existencia casi monástica, consumido por su visión de la arquitectura, y vivió prácticamente en la pobreza. En 2003, el Vaticano inició un proceso de beatificación de Gaudí, que es el primer paso para declararlo santo. Su extraordinario legado domina el mapa arquitectónico de Barcelona. Su propio nombre viene del verbo catalán *gaudir*, que significa "disfrutar", y su obra está impregnada de un enorme sentido de la exuberancia y la vistosidad. Como era característico del modernismo, la naturaleza predomina, no solo en los motivos decorativos, sino también en la propia estructura de los edificios de Gaudí. Su estilo muy innovador también se caracteriza por el uso de intrincadas puertas y balcones de hierro forjado y por los revestimientos de *trencadís*.

Antoni Gaudí, uno de los más célebres arquitectos catalanes y *(derecha)* una de sus obras maestras, la magnífica Casa Batlló

LA RAMBLA

La histórica Rambla, uno de los lugares de la ciudad más frecuentados por el turismo, divide el casco antiguo, desde Plaça Catalunya a Port Vell. La Rambla suele estar llena de gente, muchos son turistas, mientras los artistas callejeros se ganan la vida en medio de este hervidero de actividad. Probablemente no hay un mejor sitio para pasear. Hay en marcha un plan de renovación, terminado en algunos tramos, que la hará más verde y agradable para el peatón.

1 Gran Teatre del Liceu

📍 L4 🏠 La Rambla 51-59
🌐 liceubarcelona.cat
El teatro de la ópera, fundado en 1847, ha dado al mundo figuras operísticas como Montserrat Caballé. Dos veces devorado por el fuego, ha sido totalmente rehabilitado.

2 Puestos de flores

La Rambla bulle de actividad y de cosas que atraen la mirada, pero los más veteranos son los puestos de flores que flanquean este paseo peatonal, muchos de ellos regentados por las mismas familias desde hace décadas.

3 Mercat de la Boqueria

📍 L3 🏠 La Rambla 91 🕐 8.00-20.30 lu-sá
🌐 boqueria.barcelona
Este mercado grande y oscuro es como un cacofónico santuario dedicado a la comida en el que se puede encontrar desde montones perfectamente ordenados de frutas hasta lechones y langostas.

4 Arts Santa Mònica

📍 L5 🏠 La Rambla 7
🕐 11.00-20.30 ma-do
🌐 artssanta
monica.gencat.cat
Este edificio estuvo consagrado a las plegarias, ya que fue un antiguo monasterio del siglo XVII, pero en la década de 1980 renació –gracias a la reforma sufragada con dinero público– como centro de arte contemporáneo. Pone especial énfasis en promover la creatividad y el talento local. Las exposiciones van de la escultura a las instalaciones de vídeo a gran escala y la fotografía, tanto de artistas locales como internacionales.

Comiendo en el Mercat de la Boqueria

La Rambla, la zona de paseo más conocida de Barcelona

BEBER
Desde el Cafè de l'Òpera (*cafeoperabcn. com*) se puede disfrutar del ambiente de la Rambla con un *granissat* (granizado) fresquito.

5 Monument a Colom

Esta estatua de bronce (*p. 106*) de 1888 de Cristóbal Colón, que apunta decididamente al mar, conmemora su regreso a España tras llegar a América. Un ascensor lleva a lo alto de la columna, desde donde se contemplan unas vistas excelentes.

6 Font de Canaletes

Existe una leyenda que dice que quien bebe agua de la fuente de Canaletas, obra que data del siglo XIX, acaba prendado de la belleza de la ciudad y vuelve para admirarla una y otra vez.

7 Palau de la Virreina

📍 L3 🏠 La Rambla 99 🕐 11.00-20.00 ma-do 🌐 ajuntament.barce lona.cat/lavirreina
Palacio neoclásico construido por el virrey de Perú en 1778. Actualmente, el Palau de la Virreina es la sede del Instituto de Cultura, de titularidad municipal, que acoge exposiciones de arte y eventos culturales.

8 Mosaico de Miró

Este colorido mosaico, obra del artista catalán Joan Miró, se encuentra en el pavimento del paseo central de La Rambla. Sus características formas abstractas y los colores primarios simbolizan el cosmos.

9 Església de Betlem

📍 L2 🏠 C/Xuclà 2 🕐 8.30-13.30 y 18.00-21.00 diario 🌐 mdbetlem.com
Esta enorme iglesia del siglo XVII, un vestigio de un tiempo en el que la Iglesia católica acumulaba las pesetas (y el poder), nos recuerda que hubo una época en la que La Rambla era más religiosa que transgresora.

10 Edificio Bruno Quadras

Este edificio de finales del siglo XIX, que fue una fábrica de paraguas, está adornado con paraguas y con motivos orientales como un dragón chino.

Dragón chino en la fachada del edificio Bruno Quadras

CATEDRAL DE BARCELONA

M3 ⚲ Pl de la Seu 🕐 9.30-18.30 lu-vi, 9.30-17.15 sá, 14.00-17.00 do
🌐 catedralbcn.org

La Seu (catedral) de Barcelona es una amalgama de estilos arquitectónicos, desde el claustro gótico y las capillas barrocas hasta la fachada del siglo XIX Aunque data de 1298, los registros muestran que aquí hubo un baptisterio cristiano en el siglo VI, que fue reemplazado por una basílica románica en el siglo XI, y que esta a su vez dio paso a la actual catedral gótica.

1 Nave y órgano
La inmensa nave se sostiene en esbeltas columnas y cuenta con un altar mayor elevado. El órgano del siglo XVI domina el interior y llena el espacio de música durante las misas.

2 Sillería del coro
La espléndida sillería del coro (1340), coronada por torretas de madera, está decorada con coloridos escudos de armas realizados por el artista Joan de Borgonya.

3 Claustro
Con una fuente y palmeras y unos gansos que se pasean libremente, el claustro se remonta al siglo XIV. La fuente está cubierta de musgo y coronada

CONSEJO TOP 10

Es frecuente ver bailar la sardana en la Plaça de la Seu.

La bóveda de crucería del claustro

El interior de la catedral de Barcelona

por una estatua de hierro de Sant Jordi (san Jorge) (p. 47).

4 Cripta de Santa Eulàlia

En el centro de la cripta se encuentra este elegante sarcófago de alabastro de 1327, que contiene los restos de Santa Eulàlia, primera santa patrona de Barcelona. Los relieves describen su martirio.

5 Capella de Santa Llúcia

Esta encantadora capilla románica está dedicada a Santa Llúcia (santa Lucía), patrona de los ojos y la vista. El día de su festividad (13 de diciembre), los ciegos vienen a rezar a su capilla.

6 Capella del Santíssim i Crist de Lepant

Esta capilla del siglo XV muestra al Crist de Lepant, que, según la leyenda, guio a la flota cristiana en la batalla de Lepanto (siglo XVI) contra los turcos otomanos.

7 Pia Almoina y Museu Diocesà

📍 N3 🏛 Av de la Catedral 4 🕐 10.00–20.00 lu y mi–do; 11.00–20.00 ma) 🔗
La Pia Almoina, construcción del siglo XI, que antiguamente fue un albergue para peregrinos y pobres, actualmente

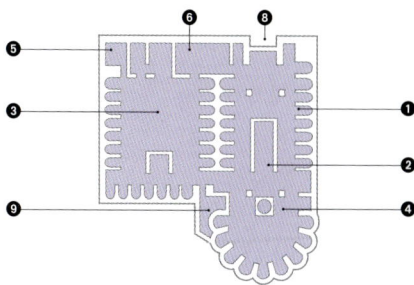

Plano de la catedral de Barcelona

acoge el Museu Diocesà, con exposiciones interactivas sobre la vida y obra de Gaudí.

8 Casa de l'Ardiaca

📍 M3 🏛 C/Santa Llúcia 1 🕐 10.00–14.00 y 15.00–19.30 lu–vi, con cita
Originalmente construida en el siglo XII, la Casa del Archidiácono se encuentra cerca de lo que en su día fue la Puerta del Obispo, en las murallas romanas de la ciudad. Actualmente incluye un frondoso patio con una fuente.

9 Terrazas

Un ascensor lleva a las terrazas, desde donde hay vistas de la aguja, los campanarios y las gárgolas, además de los edificios medievales del casco antiguo.

10 Fachada principal

En la fachada del siglo XIX está la entrada, flanqueada por dos torres iguales y que cuenta con unos vitrales modernistas y 100 ángeles esculpidos. Su proceso de restauración tardó 8 años en completarse.

La fachada neogótica y las torres de la catedral

MUSEU NACIONAL D'ART DE CATALUNYA

📍 B4 🏛 Palau Nacional, Parc de Montjuïc 🕐 10.00-18.00 ma-sá (may-sep: hasta 20.00), 10.00-15.00 do 🌐 museunacional.cat 🔗

El Museu Nacional d'Art de Catalunya (MNAC) alberga una de las colecciones de arte medieval más importantes del mundo y se encuentra en el majestuoso Palau Nacional, construido en 1929. Lo más destacado es la sección de arte románico, compuesta por las pinturas de numerosas iglesias del Pirineo de los siglos XI y XII.

1 La Virgen de los Consejeros

Encargada por el consejo municipal en 1443, esta obra de Lluís Dalmau está llena de simbología política, con los consejeros principales, los santos y los mártires arrodillados ante la Virgen, que está sentada en el trono.

2 Murales: Santa Maria de Taüll

El bien conservado interior de Santa Maria de Taüll (c. 1123) muestra lo coloridas que debieron de ser las iglesias románicas. Hay escenas de los primeros años de la vida de Jesús, con Juan el Bautista y los Reyes Magos.

3 El Legado Cambó

El político catalán Francesc Cambó (1876-1974) legó su enorme colección de arte a Cataluña; dos amplias galerías exhiben obras que van del siglo XVI a principios del siglo XIX, entre las que se incluye *El minué*, una obra de 1756 de Tiepolo.

4 Colección Thyssen-Bornemisza

Este museo alberga una pequeña y excelente selección de la vasta colección del barón Thyssen-Bornemisza. Entre las pinturas están *La Virgen de la Humildad* (1433-1435), de Fra Angelico, y una entrañablemente hogareña *Virgen con el Niño* (c. 1618), de Pedro Pablo Rubens.

5 Frescos: Sant Climent de Taüll

El interior de Sant Climent de Taüll es una mezcla de influencias francesas, bizantinas e italianas.

GUÍA DEL MUSEO

El Legado Cambó, con obras de Zurbarán y Goya, y la Colección Thyssen-Bornemisza están en la planta baja, al igual que las obras románicas. En la primera planta se encuentran las galerías dedicadas al arte moderno y las colecciones de fotografía y numismática.

Izquierda **Virgen con el Niño,** de Rubens
Arriba **Obras expuestas en el Museu Nacional d'Art de Catalunya**

El ábside está dominado por el pantocrátor y los símbolos de los cuatro evangelistas y la Virgen, con los apóstoles debajo.

6 Ramón Casas y Pere Romeu en un tándem

Esta pintura representa al pintor Casas y a su amigo Romeu, con el que impulsó la taberna Els Quatre Gats, situada en el Barri Gòtic.

7 Mujer con sombrero y cuello de piel

El extraordinario retrato que Picasso hizo de su amante Maria-Thérèse Walter muestra cómo el pintor fue más allá del cubismo y el surrealismo para crear un nuevo lenguaje artístico propio, que muy pronto sería conocido simplemente como estilo Picasso.

8 Crucifijo La Majestad de Batlló

Esta talla de madera de mediados del siglo XII muestra a Cristo en la cruz con los ojos abiertos y sin

La cascada al pie del Palau Nacional

signos de sufrimiento, porque ya ha vencido a la muerte.

9 Confidente de la Casa Batlló

Entre el excelente mobiliario modernista, hay algunas piezas exquisitas obra de Antoni Gaudí, como una silla de madera de formas redondeadas, diseñada para estimular las confidencias entre amigos.

10 Numismática

Esta colección se remonta al siglo VI a. C. con una gran variedad de piezas históricas. Se exponen medallas, papel moneda, billetes italianos del siglo XV y monedas, incluidas las procedentes de la colonia griega de Empúries, que acuñó su propia moneda a partir del siglo V a. C.

Plano del Museo Nacional d'Art de Catalunya

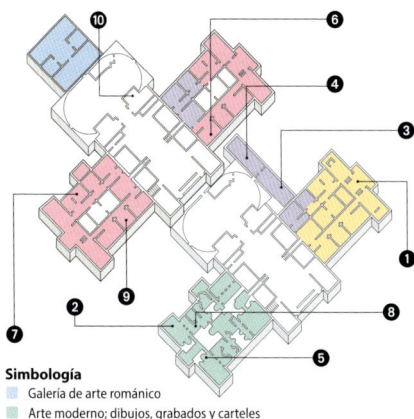

Simbología
- Galería de arte románico
- Arte moderno; dibujos, grabados y carteles
- Galería de arte gótico
- Arte renacentista y barroco
- Biblioteca

PARK GÜELL

📍 C1 🏠 C/d'Olot s/n 🕐 Los horarios varían, consultar la página web
🌐 parkguell.barcelona 🔗

Construido entre 1900 y 1914, se concibió como una ciudad jardín de estilo inglés. Eusebi Güell encargó la obra a Gaudí y quiso construir villas, jardines y espacios públicos, pero el proyecto fracasó. Se vendió a la ciudad y en 1926 se reabrió como parque público. En esta obra, Gaudí dejó volar su imaginación en los pabellones, las escaleras, la plaza principal y el mercado.

El banco del parque, hecho con trozos de azulejos

1 Sala Hipòstila

La plaza del mercado fue obra de Josep Jujol, uno de los colaboradores con más talento de Gaudí. Se encargó de decorar las 84 columnas y creó unos ricos techos de mosaico hechos con fragmentos de azulejos rotos.

2 Banco recubierto de mosaico

Un enorme banco, que también hace de balaustrada, rodea el borde serpenteante de la Plaça de la Natura. Artistas como Miró o Dalí se inspiraron en esta técnica, el trencadís, que utiliza fragmentos de cerámica o vidrio.

3 Jardins d'Àustria

Estos hermosos y cuidados jardines son modernos, se crearon en la década de 1970 en la parcela destinada originalmente a construir una mansión. Son especialmente bonitos en primavera.

4 Casa del Guarda

La casa del portero, uno de los dos pabellones que guardan la entrada al parque, es hoy una sucursal del MUHBA, el Museo de Historia de Barcelona (p. 82). Alberga una exposición sobre la historia del Park Güell.

IDEAS NO REALIZADAS

Muchas de las ideas que Gaudí tenía pensadas para el Park Güell nunca llegaron a realizarse, debido al fracaso económico de la ciudad jardín de Eusebi Güell. Entre las más atrevidas está el diseño de una enorme puerta de entrada.

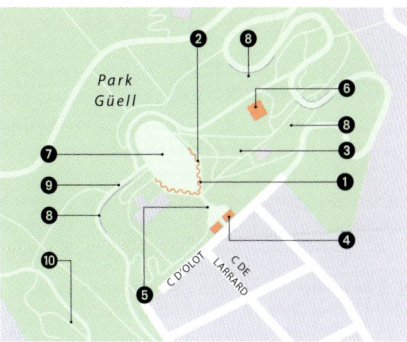

Dos pabellones dan acceso al Park Güell

5 L'Escalinata del Drac

Una fuente recorre a lo largo esta escalera coronada por criaturas fantásticas. La más famosa es el enorme dragón multicolor, que se ha convertido en el símbolo de Barcelona.

6 Casa-Museu Gaudí

Se trata de una de las dos únicas casas que se construyeron en el Park Güell; esta se convirtió en la casa de Gaudí y contiene muebles y objetos originales. Su entrada requiere una tarifa adicional.

7 Plaça de la Natura

La plaza principal del parque ofrece unas buenas vistas panorámicas de la ciudad y está rodeada por un banco cubierto de mosaico. La plaza se llamó inicialmente el Teatro Griego y estaba pensada para acoger funciones al aire libre, con los espectadores mirando desde las terrazas cercanas.

8 Viaductos

Gaudí creó tres viaductos que tenían que funcionar como calzadas dentro del Park Güell. Construidos sobre pronunciadas pendientes y soportados por arcos y columnas con forma de olas o árboles, parece que emergen de manera natural de la colina.

> **CONSEJO TOP 10**
>
> Las visitas van con hora. Conviene no perder el turno; se cumple con rigurosidad.

9 Pòrtic de la Bugadera

Es uno de los numerosos caminos que hay en el parque. Este se conoce como el Pórtico de la Lavandera, por la mujer que lleva una cesta con la colada en la cabeza, esculpida en un arco.

10 Turó de les Tres Creus

Tres cruces coronan la parte más alta de la colina, marcando el lugar en el que Gaudí y Güell, ambos muy religiosos, querían construir la capilla del Park Güell. La subida vale la pena, ya que se disfrutan de unas vistas espectaculares de la ciudad.

Los viaductos diseñados como árboles

LA PEDRERA

📍 E2 🏠 Pg de Gràcia 92 🕐 Los horarios varían, consultar la página web
ⓦ lapedrera.com ♿ 🅿️

Terminado en 1912, este fantástico y ondulante edificio de viviendas, con su mágico tejado, es una de las obras más emblemáticas de Gaudí. La Casa Milà también conocida como La Pedrera, fue la última gran obra civil de Gaudí, an de dedicarse por completo a la Sagrada Família. Restaurada y con su antigu esplendor, La Pedrera contiene la Exposició Gaudí, una sala de exposiciones, patios, una terraza situada en el tejado y el apartamento La Pedrera.

1 Fachada y balcones

Las paredes curvadas de La Pedrera están sostenidas por vigas horizontales ondulantes unidas a vigas maestras ocultas. Los balcones con intrincadas rejas de hierro forjado son ejemplo de las habilidades artesanas tan íntimamente ligadas al modernismo.

2 Azotea

La azotea es como un surrealista parque de esculturas, con chimeneas que parecen guerreros medievales y enormes conductos de ventilación retorcidos formando extrañas formas orgánicas, por no mencionar las estupendas vistas que ofrece de L'Eixample

3 Puertas

La maestría para concebir las puertas de hierro forjado revela la influencia de los predecesores de Gaudí –cuatro generaciones de trabajadores del metal artesanos–. El uso del hierro es inherente a muchos de los edificios de Gaudí.

4 Exposició Gaudí

Una serie de dibujos, fotografías, maquetas y presentaciones multimedi permiten que los visitantes capten la prodigiosa destreza arquitectónica de Gaudí. El museo ocupa un ático abovedado, en el que 270 arcos de catenaria de ladrillo forman unos pasillos atmosféricos que recuerdan a un esqueleto.

> 📷 **VISTAS**
> Se puede disfrutar de las impresionantes vistas de la ciudad desde la azotea con una visita guiada de 19.00 a 22.00 horas.

El patio interior llamado El Patí de les Papallones

GUÍA DE LA VISITA
La Exposició Gaudí, el piso de los vecinos, los patios del Passeig de Gràcia y del Carrer Provença, la Sala de Exposiciones y la azotea son visitables. Un ascensor sube hasta el piso burgués, la Exposició Gaudí y la azotea. Los patios, las escaleras, la cafetería y la tienda son accesibles desde la entrada, en la esquina del Pg. de Gràcia y la calle Provença.

5 El Patí de les Flors
Al igual que el primer patio, alberga también una gran escalera ornamentada. Está decorado con una impresionante pintura floral en el techo.

6 El Patí de les Papallones
Por este patio transitan a diario visitantes y guías. Cuenta con bellos mosaicos y coloridas pinturas que enmarcan una escalera de cuento de hadas.

7 El piso de los vecinos
Este apartamento modernista con muebles de la época es una reconstrucción de un típico piso burgués de la Barcelona de finales del siglo XIX. Ofrece un interesante contraste entre el sobrio conservadurismo de la clase media de la época y la extravagancia del edificio.

8 Sala de exposiciones temporales
Este interesante espacio expositivo, gestionado por la Fundación Catalunya-La Pedrera, organiza periódicamente exposiciones gratuitas. Ha mostrado obras de Salvador Dalí, Francis Bacon, Marc Chagall y otros. El techo parece que se hubiera recubierto de claras de huevo batidas.

9 Auditorio
El auditorio, situado en la antigua cochera, acoge eventos periódicos, como jazz y conciertos. El jardín adyacente es encantador.

10 Tienda y cafetería de La Pedrera
Aquí puede encontrarse una gran variedad de objetos relacionados con Gaudí, como reproducciones de las chimeneas con forma de guerrero de cerámica y bronce.

La azotea de La Pedrera y (derecha) una sala restaurada

FUNDACIÓ JOAN MIRÓ

⚲ B5 🏠 Av Miramar, Parc de Montjuïc 🕐 10.00–18.00 ma–do
(abr–oct: hasta 20.00) 🌐 fmirobcn.org ↗

Fundada en 1975 por el propio Joan Miró, que quería que fuera un centro de arte contemporáneo, en la actualidad es un magnífico homenaje a un hombre cuyo legado como artista y como catalán es visible en toda la ciudad. El museo alberga más de 14.000 obras que detallan la evolución de Miró, empezando como un surrealista innovador en los años 1920 para convertirse en artista moderno en la década de 1960.

La fachada de la Fundació Joan Miró

1 Home i Dona Davant un Munt d'Excrements

Unas figuras semi-abstractas, torturadas y deformes, intentan abrazarse frente a un cielo negro. El pesimismo de Miró en la época de *Hombre y mujer frente a un montón de excrementos* se confirmaría muy pronto con el inicio de la Guerra Civil.

📋 **COMPRAR**
En la tienda de regalos se puede encontrar una gran variedad de objetos mironianos originales y curiosos, desde manteles hasta copas de champán.

2 Pagès Català al Clar de Lluna

Esta pintura metafórica titulada *Payés catalán al claro de luna* data de finales de los 60 y recoge dos de los temas favoritos de Miró: la tierra y la noche. La figura del campesino, un *collage* de color muy sencillo, apenas es descifrable, ya que la luna creciente se fusiona con su hoz, mientras que el cielo nocturno adopta los tonos verdes de la tierra.

3 L'Estel Matinal

Esta es una de las 23 pinturas de la serie *Constelaciones*. La cualidad introspectiva de *La estrella*

matinal refleja el estado de ánimo de Miró al estallar la Segunda Guerra Mundial, cuando tuvo que esconderse en Normandía. Las formas alargadas de pájaros, mujeres y cuerpos celestes, además de las líneas y planos de color flotan en un espacio no definido.

4 Tapís de la Fundació

Este inmenso tapiz de vivos colores representa la culminación de la obra de Miró con los textiles, que se inició en la década de 1970. La obra utiliza la característica paleta de colores de Miró.

El enorme *Tapís de la Fundació*, de Miró

5 Sèrie Barcelona
La Fundació tiene la única colección completa de impresiones de esta serie de 50 litografías en blanco y negro. Esta importante colección solo se expone ocasionalmente.

6 Font de Mercuri
Alexander Calder donó la *Fuente de Mercurio* a la Fundació como muestra de su amistad con Miró. Esta obra era un homenaje antifascista, creada para recordar el ataque a la ciudad de Almadén.

7 Espai 13
Este espacio expone la obra experimental de nuevos artistas de todo el mundo. Las exposiciones, que cada año giran en torno a un único tema, suelen ser radicales y muchas veces utilizan plenamente las nuevas tecnologías.

8 Exposiciones temporales
A lo largo de los años se han ido sucediendo las exposiciones temporales. Estas suelen situarse en el ala oeste del museo y han incluido varias retrospectivas de artistas prominentes, como Mark Rothko, Andy Warhol, René Magritte y Fernand Léger.

9 Sala de esculturas
Esta sala se centra en las esculturas de Miró del periodo que va de la década de 1940 a la de 1950, cuando experimentó con cerámica, bronce y, más tarde, con soportes pintados y objetos encontrados. Destacan obras como *Pájaro solar* y *Pájaro lunar* (ambas de 1946-1949).

10 Terraza jardín
En la terraza jardín hay más esculturas de Miró. Además, desde ella podrá disfrutar de la arquitectura racionalista del edificio geométrico de Josep Lluís Sert. La obra *La caricia de un pájaro* (1967), de 3 m de altura, domina la terraza.

 COMER
El restaurante-cafetería tiene una terraza jardín con mesas en el interior y el exterior y es una de las mejores opciones gastronómicas de la zona.

MUSEU PICASSO

P4 ⌂ C/Montcada 15–23 🕐 10.00–19.00 ma–do
🌐 museupicassobcn.cat

Este museo está dedicado a los años de formación de Pablo Picasso (1881-1973) y alberga la mayor colección de sus primeras obras. En 1895 el artista se trasladó a Barcelona, donde alcanzó su plenitud como artista. El museo ofrece a los visitantes la oportunidad de descubrir al artista en su propio aprendizaje.

1 *Home amb boina*
En este retrato se ven unas pinceladas que están muy por encima de las típicas de un niño de 13 años. El joven Picasso ya empezó a destacar al pintar el retrato del hombre más viejo del pueblo. Firmó está obra como P. Ruiz porque en esta época todavía utilizaba el apellido de su padre.

2 *Autoretrat amb perruca*
A los 14 años, Picasso pintó su propio autorretrato con peluca, una fantasiosa

representación del aspecto que hubiera podido tener en la época de su ídolo artístico, Velázquez.

3 *Ciència i Caritat*
Una de las primeras pinturas exhibidas públicamente de Picasso fue *Ciencia y caridad*. El padre de Picasso posó como médico.

4 *L'Espera (Margot)* y *La Nana*
La *Margot* de Picasso es un evocador retrato de una prostituta que espera a su siguiente cliente, mientras que *La nana* capta la ex-

presión y la postura desafiantes de una bailarina muy maquillada.

5 *El Foll*
El loco es un excelente ejemplo del periodo Azul de Picasso. Esta fase artística, que se extendió de 1901 a 1904, se caracterizó por temas melancólicos y colores monocromáticos y sombríos.

6 *Menu de Els Quatre Gats*
La primera exposición de Picasso en Barcelona se celebró en 1900 en Els

**Entrada al
Museu Picasso**

GUÍA DEL MUSEO

El museo ocupa cinco palacios medievales, con arquería y bellos patios. La amplia colección permanente está ordenada cronológicamente en el primer y segundo piso de los tres primeros palacios. Los otros dos acogen exposiciones temporales en las dos primeras plantas.

COMER

En la cafetería del museo se puede comer en la terraza en verano; ofrece un menú, que no siempre es el mismo, de platos del día a mediodía.

Quatre Gats, un café y centro del modernismo situado en el Barri Gòtic. El primer encargo del artista fue un dibujo a pluma y tinta de él mismo con un grupo de amigos artistas, que adornó la tapa de la carta de este local bohemio.

7 Arlequí

Una época de optimismo llevó a Picasso a su periodo neoclásico, ejemplificado por cuadros como *Arlequí* o *Arlequín*. Representa al bailarín Leónide Massine y es una celebración de la alegre libertad de los artistas circenses.

8 Home assegut

Obras como *Hombre sentado* hicieron de Picasso el pintor cubista analítico más grande del siglo XX.

9 La serie de *Las meninas*

La veneración de Picasso por Velázquez culminó con esta magnífica serie de pinturas, basadas en el cuadro de *Las meninas* de Velázquez.

10 Cavall banyegat

El equino agonizante de este dibujo en grafito aparecerá más tarde en el gigantesco mural al óleo *Guernica* (1937), que describe los horrores de la guerra. Esta obra permite que los espectadores descubran el proceso de gestación de una de las pinturas más famosas de Picasso.

Las meninas, n.º 30, que Picasso pintó en 1957

PALAU DE LA MÚSICA CATALANA

◉ N2 ⌂ Sant Pere Més Alt ◷ Los horarios varían, consultar la página web ⓦ palaumusica.cat ⤢ ⤡

El movimiento modernista de Barcelona alcanzó su cénit con este espléndido auditorio de 1908 de Lluís Domènech i Montaner. La fachada está adornada con pilares recubiertos de mosaico y todos los elementos del vestíbulo del jardín musical de Domènech, desde las balaustradas hasta los pilares, tienen motivos florales. La sala de conciertos está coronada por un lucernario que inunda el espacio de luz.

1 Fachada
La imponente fachada está repleta de maravillosos detalles modernistas. Un elaborado mosaico representa a la sociedad coral Orfeó Català, fundada en 1891.

2 Vestíbulo y bar
Los arquitectos modernistas trabajaban con cerámica, piedra, madera, mármol y cristal, y Domènech usó estos materiales en el opulento vestíbulo.

CONSEJO TOP 10

El Café Palau ofrece actuaciones musicales gratuitas en la terraza.

COMPRAR
La tienda del Palau vende objetos inspirados en la arquitectura del edificio y, además, cuenta con una sección infantil.

3 Lucernario de la sala de conciertos
La sala está rematada por una impresionante cúpula invertida hecha con cristales de colores. La luz del sol se filtra a través de los rojos y naranjas de los cristales e ilumina la sala.

4 Sala de ensayo del Orfeó Català
Esta sala semicircular, donde se realizan los ensayos acústicos, es una versión más pequeña de la gran sala de conciertos del piso de arriba. En su centro se encuentra incrustada la primera piedra, que conmemora la construcción del histórico Palau.

5 Vitrales
El arquitecto rodeó el auditorio de enormes vitrales decorados con motivos florales, que difuminan los límites entre el exterior y el interior al dejar entrar la luz del sol para mostrar el paso de las horas.

6 Pegasos esculpidos
Unos caballos alados, obra del escultor Eusebi

Las estatuas que adornan la fachada del Palau

La sala de conciertos del Palau, Patrimonio Mundial de la Unesco

Arnau, emergen del techo y transmiten movimiento y brío a la sala. También puede verse una representación del carro de la cabalgata de las valkirias de Wagner, precedido por unos caballos que galopan y se abalanzan sobre el escenario.

7 Escenario
El escenario semicircular siempre es un hervidero de gente –incluso cuando no hay ninguna actuación–. Dieciocho musas de mosaico y terracota sobresalen de la pared del fondo, tocando todo tipo de instrumentos, desde el arpa hasta las castañuelas.

8 Sala Lluís Millet
En esta sala perfectamente conservada, que lleva el nombre del compositor Lluís Millet, pueden verse unos preciosos

vitrales. En el balcón principal del exterior, hay una hilera de deslumbrantes columnas de mosaico, cada una de ellas con un diseño diferente.

9 Bustos
Un busto del compositor catalán Josep Anselm Clavé (1824-1874) muestra el compromiso del Palau con la música catalana. En el lado opuesto de la sala de conciertos, un severo Beethoven de representa el repertorio musical clásico e internacional del auditorio.

ORFEÓ CATALÀ

El famoso grupo coral, para el que se construyó originalmente el auditorio, actúa con regularidad en el edificio y celebra un concierto anual el 26 de diciembre. Hay que reservar con antelación.

10 Ciclos de conciertos y danza
El Palau acoge cada año más de 500 conciertos y espectáculos de danza y ver una de estas funciones en este edificio es una experiencia inolvidable. Para los conciertos sinfónicos, fíjese en el Ciclo Palau 100, y para los conciertos corales, esté atento al Ciclo del Orfeó Català.

Busto en piedra de Beethoven

MACBA MUSEU D'ART CONTEMPORANI DE BARCELONA

MUSEU D'ART CONTEMPORANI Y CENTRE DE CULTURA CONTEMPORÀNIA

MACBA: 📍 K2 🏠 Pl dels Àngels 🕐 Los horarios varían, consultar la página web
Ⓦ macba.cat; CCCB: 📍 K1 🏠 C/Montalegre 5 🕐 11.00–20.00 ma-do Ⓦ cccb.org 🔲🔲

El Museo de Arte Contemporáneo de Barcelona contrasta de manera muy marcada con el entorno. Creado en 1995, el Museu d'Art Contemporani (MACBA), junto con el cercano Centre de Cultura Contemporània (CCCB), ha jugado un papel muy importante en la renovación del Raval.

1 Fachada

La fachada desnuda y geométrica del MACBA, obra del arquitecto estadounidense Richard Meier, crea un efecto sorprendente con los tonos apagados del barrio popular en el que se asienta el edificio. Los cientos de paneles de vidrio reflejan a los transeúntes.

2 Espacio dedicado a artistas invitados

La razón de ser del MACBA es esta zona flexible en la que se expone lo mejor del arte contemporáneo.

Las exposiciones ya celebradas han incluido al artista catalán Zush y al pintor suizo Dieter Roth.

3 Colección permanente rotatoria

La colección permanente está formada por más de 2.000 obras de arte modernas, de las que solo se exponen a la vez el 10 %. Están representadas todas las tendencias contemporáneas. El museo sigue ampliando su colección y en 2022 adquirió 150 obras.

4 Pasillos interiores

El espacio y la luz son omnipresentes en las pasarelas desnudas y blancas que unen los distintos pisos en el MACBA. Antes de entrar en los espacios expositivos, mirando a través de los cristales hacia la Plaça dels Àngels se ven una multitud de imágenes.

CONSEJO TOP 10

El MACBA ofrece visitas en lenguaje de signos, y adaptadas a personas con discapacidad visual.

El MACBA con una colorida iluminación nocturna

5 Capella MACBA

Una de las pocas capillas renacentistas que se han conservado en la ciudad se ha convertido en un espacio del MACBA dedicado a las exposiciones temporales. Se encuentra en un antiguo convento situado al otro lado de la Plaça dels Àngels.

6 *Despertar súbito*

Una de las pocas obras de arte que se exponen permanentemente es esta cama deconstruida (1992-1993) de Antoni Tàpies, con las sábanas y las almohadas colgando de la pared. Su presencia subraya la importancia de Tàpies en el arte moderno catalán.

7 Espacios de reflexión y lectura

El MACBA incluye detalles como estos sofás blancos

COMER
Se puede hacer una pausa en el cercano café Kino (C/Ferlandina), que sirve cocina mediterránea moderna, o en las terrazas del MACBA y el CCCB.

---

de piel situados entre las galerías. Instalados generalmente junto a un mueble con libros relevantes y unos auriculares, estos espacios proporcionan un lugar perfecto en el que descansar y contemplar el arte (mientras se aprende más del tema).

8 El Pati de les Dones/CCCB

Este patio situado en el Carrer Montalegre forma parte del cercano CCCB. Una pantalla prismática hace de espejo y refleja el patio medieval, lo que permite que los visitantes

vean una superposición mágica de diferentes estilos arquitectónicos.

9 Plaça Joan Coromines

El contraste entre el moderno MACBA, el edificio de la universidad, el estilo toscano del CCCB y la iglesia neorrománica del siglo XIX hace que esta plaza sea una de las más interesantes de la ciudad.

10 Exposiciones temporales/ CCCB

Las exposiciones del CCCB suelen centrarse más en temas que en artistas específicos. Acoge el World Press Photo en primavera y ferias literarias, además de exposiciones de arte vanguardista durante todo el año, y siempre está en primera línea de las últimas tendencias culturales.

En el sentido de las agujas del reloj desde la derecha **Despertar súbito, de Antoni Tàies; los austeros pasillos que unen las plantas del MACBA; pasando delante de la fachada de cristal del CCCB**

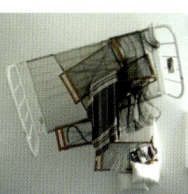

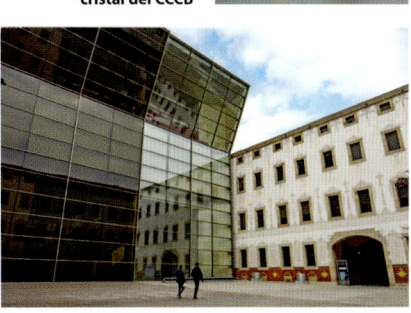

LO MEJOR DE BARCELONA

Sagrada Família

IGLESIAS Y CAPILLAS

Rosetón de la Basílica de Santa Maria del Mar

1 Basílica de Santa Maria del Mar
La elegante iglesia *(p. 82)* de Santa María del Mar (1329-1383) es uno de los mejores ejemplos del gótico catalán, un estilo que se caracteriza por su sencillez. La espectacular vidriera del rosetón ilumina el majestuoso interior.

2 Catedral de Barcelona
La magnífica catedral gótica *(p. 28)* de Barcelona cuenta con una vistosa fachada y un apacible claustro.

3 Temple Expiatori del Sagrat Cor
☐ B1 ☐ Pl del Tibidabo ☐ Cripta (iglesia inferior): 9.00-20.00 diario (abr, may y sep: hasta 21.00; jun-ago: hasta 21.30); iglesia superior y terraza: los horarios varían, consultar la página web ☐ tibidabo.salesianos.edu ☐

La montaña del Tibidabo es la ubicación perfecta para este templo neogótico, coronado por una gran estatua de Cristo con los brazos abiertos. El nombre de la montaña procede de las palabras latinas *tibi dabo*, que significan "te daré", que es lo que Satanás le dijo a Jesucristo para tentarlo. En esta iglesia, los sacerdotes celebran la Eucaristía a lo largo del día.

4 Església de Sant Pau del Camp
Fundada como monasterio benedictino en el siglo IX por Wifredo II, conde de Barcelona, esta elegante iglesia *(p. 93)* fue reconstruida en el siglo siguiente. Su fachada esculpida y el claustro de aire intimista y con arcos de medio punto ejemplifican el estilo románico.

5 Església de Sant Pere de les Puelles
☐ P2 ☐ Pl de Sant Pere ☐ 10.00-19.30 todos los días (hasta 18.00 do)

Esta iglesia, construida en el año 801 como capilla para las tropas estacionadas en Barcelona, se convirtió más tarde en el lugar de retiro espiritual de las jóvenes de la nobleza. La iglesia se reconstruyó en la década de 1100 y destaca por su cimborrio románico central y una serie de capiteles con hojas esculpidas. No se pierda dos lápidas de piedra con una cruz griega, que pertenecieron a la capilla original.

6 Basílica de Santa Maria del Pi
☐ L3 ☐ Pl del Pi ☐ 10.00-18.00 lu-sá ☐ basilicadelpi.cat ☐

Esta encantadora iglesia gótica con sus elaborados vitrales se levanta en la bonita Plaça del Pi *(p. 53)*.

7 Capella de Sant Miquel y Església al Monestir de Pedralbes

El precioso Monestir de Pedralbes (p. 119), al que se accede atravesando un arco situado en el antiguo muro que lo rodeaba, fue fundado en 1327 y todavía tiene el aspecto de estar habitado por una comunidad de clausura. En su interior hay un claustro gótico y la Capella de Sant Miquel, decorada con murales que el artista catalán Ferrer Bassa pintó en 1346. La iglesia gótica contigua contiene la tumba de alabastro de la reina Elisenda, fundadora del monasterio. En el lado que da a la iglesia, su efigie viste ropas reales; en el otro, un hábito de monja.

8 Capella de Santa Àgata

🚇 N3 🏛 Pl del Rei 🕐 10.00–14.00 y 15.00–20.00 ma-do 💠

Dentro del hermoso Palau Reial, se encuentra la capilla medieval de Santa Àgata, a la que solo se accede como parte de la visita al Museu d'Història de Barcelona (p. 82). El retablo del siglo XV es obra de Jaume Huguet. Es gratis los domingos de 15.00 a 17.00.

9 Capella de Sant Jordi

🚇 M4 🏛 Pl Sant Jaume 🕐 2° y 4° fines de semana del mes

Esta hermosa capilla del siglo XV, dedicada al santo patrón de Cataluña, se encuentra en el interior del Palau de la Generalitat (p. 81).

10 Església de Betlem

La Rambla (p. 26) estuvo en una época salpicada de edificios religiosos, la mayoría de los siglos XVII y XVIII. Esta iglesia barroca es una de las más importantes que siguen funcionando de ese periodo. Muy popular en Navidad, cuenta con una de las mayores muestras mundiales de pesebres.

La impactante fachada de la Basílica de Santa Maria del Pi

TOP 10
SANTOS Y VÍRGENES CATALANAS

1. Virgen de Montserrat
La famosa Virgen negra es la santa patrona de Cataluña, junto con San Jorge.

2. Sant Jordi
El santo patrón de Cataluña es San Jorge, cuya proeza de matar al dragón puede verse reproducida por toda la ciudad.

3. Virgen de la Mercè
La Virgen de la Merced se convirtió en la patrona de la ciudad en 1687 y comparte este honor con santa Eulalia. Las fiestas populares más importantes de la ciudad son las Festes de la Mercè (p. 75).

4. Santa Eulàlia
Santa Eulàlia es la patrona de Barcelona, junto con La Mercè. Fue martirizada por los romanos hacia el año 300 d. C.

5. Santa Elena
Según la leyenda, Santa Elena se convirtió al cristianismo después de encontrar la cruz de Cristo en Jerusalén en el año 346 d. C.

6. Santa Llúcia
La festividad de la santa patrona de los ojos y la vista se celebra el 13 de diciembre, un día en el que los ciegos acuden a la capilla de Santa Llúcia de la catedral de Barcelona a venerarla (p. 29).

7. Sant Cristòfor
El día de San Cristóbal, patrón de los viajeros, se bendicen los coches en una pequeña capilla en la calle Regomir (p. 84).

8. Sant Antoni de Padua
El 13 de junio, quienes buscan marido o mujer le rezan al santo patrón del amor.

9. Santa Rita
Quienes piden un milagro le rezan a Santa Rita, patrona de lo imposible.

10. Sant Joan
La noche de San Juan (p. 74) se celebra con hogueras y fuegos artificiales.

MUSEOS Y GALERÍAS

1 Fundació Joan Miró
Las espaciosas y altas galerías de este espléndido museo *(p. 36)* son el hogar perfecto para las obras audaces y abstractas de Joan Miró, uno de los artistas catalanes más aclamados del siglo XX.

2 Museu Nacional d'Art de Catalunya
Para descubrir el legado románico y gótico de Cataluña, este impresionante museo *(p. 30)*, ubicado en el Palau Nacional de 1929. Entre las obras más destacadas están los magníficos frescos medievales y la colección de mobiliario y obras de arte modernistas.

3 Museu Picasso
El surgimiento –y el meteórico ascenso– del genio artístico de Picasso se puede ver en este museo único *(p. 38)*, que reúne una de las mayores colecciones del mundo de obras tempranas del pintor.

4 Museu d'Art Contemporani y Centre de Cultura Contemporània
Inaugurado en 1995, el MACBA *(p. 42)*, es el museo de arte moderno de Barcelona. Su edificio y el del vecino CCCB forman un centro artístico y cultural en pleno corazón del Raval. Los dos acogen regularmente exposiciones temporales: el MACBA expone las obras de artistas contemporáneos; el CCCB se centra más en las temáticas.

5 Fundació Tàpies
Las obras del artista catalán Antoni Tàpies se exponen en este elegante edificio modernista *(p. 112)*. Vale la pena entrar y descubrir el rico repertorio de Tàpies, desde las primeras obras que usan la técnica del *collage* hasta las grandes pinturas abstractas, muchas de las cuales hacen referencia a temas políticos y sociales.

6 Museu d'Història de Barcelona (MUHBA)
Hay que ver el edificio medieval del Palau Reial y pasear entre las espléndidas ruinas de la muralla y las canalizaciones romanas de Barcelona en el museo de historia de la ciudad *(p. 82)*. Una parte del museo ocupa la Casa Padellàs, del siglo XV, situada en la impresionante plaza medieval del Rey.

7 Museu Frederic Marès
El escultor catalán Frederic Marès (1893-1991) fue un coleccionista apasionado y ecléctico. En este museo *(p. 82)*, se encuentran reunidos, bajo un mismo techo, los sorprendentes hallazgos que fue acumulando en sus viajes. Entre la gran variedad de objetos históricos que se exponen destacan las obras de arte y las esculturas románicas y góticas, pero también hay muchas otras cosas, desde muñecas y abanicos hasta pipas y bastones.

8 Museu del FC Barcelona
Este santuario dedicado al club de fútbol de la ciudad atrae a un número increíble de aficionados. Los trofeos, los carteles y los diversos objetos de interés celebran la larga historia del club. No hay que perderse el estadio del Camp Nou situado justo al lado *(p. 120)*. Hay visitas inmersivas del museo, con experiencias interactivas.

Escudo del FC Barcelona, diseño de 1949

Réplica de la Galera Real de don Juan de Austria, Museu Marítim

9 Museu Marítim

La formidable historia marítima de Barcelona se expone en las enormes Drassanes Reials (Atarazanas Reales) del siglo XIII. La amplia colección *(p. 91)*, que abarca desde la Edad Media hasta el siglo XIX, incluye una réplica de tamaño natural de la Galera Real, el buque insignia de don Juan de Austria, que lideró la victoria frente al imperio otomano en la batalla de Lepanto en 1571. Se exponen barcos en miniatura, mapas e instrumentos de navegación. También hay una goleta restaurada, la *Santa Eulàlia*, en el puerto.

10 CosmoCaixa Museu de la Ciència

Este moderno museo *(p. 120)* acoge exposiciones que abarcan toda la historia de la ciencia, desde el *Big Bang* hasta la era de los ordenadores. Destacan un recorrido interactivo por la historia geológica de nuestro planeta, un área real de selva amazónica y el planetario. El área geológica cuenta con una amplia selección de fósiles de animales y plantas. También se organizan exposiciones temporales sobre cuestiones medioambientales y actividades familiares.

TOP 10
MUSEOS Y MONUMENTOS CURIOSOS

1. Museu de Cera
📍 L5 🏠 Ptge de la Banca 7
Reúne más de 350 figuras de cera, como las de Antonio Gaudí, Marilyn Monroe o Taylor Swift.

2. Hash, Marihuana & Hemp Museum
📍 E5 🏠 C/Ample 35
Este museo dedicado al cánnabis se ubica en un magnífico edificio modernista.

3. Casa dels Entremeses
📍 N3 🏠 Pl Beates 2
Expone títeres tradicionales como los *gegants* y *capgrossos* (gigantes y cabezudos).

4. Moco Museum
Museo de arte moderno *(p. 84)* con obras de artistas como Andy Warhol y Banksy. Son excelentes las exposiciones digitales.

5. Museu dels Autòmates
📍 B1 🏠 Parc d'Atraccions del Tibidabo
Un original museo de autómatas de humanos y animales.

6. Museu de la Xocolata
📍 P4 🏠 C/Comerç 36
Una loa al chocolate; exposiciones interactivas, maquetas urbanas comestibles y degustaciones.

7. Disseny Hub
Un museo dedicado al diseño *(p. 113)*, en el que se pueden ver textiles, arquitectura, objetos y obras gráficas.

8. Museu del Perfum
📍 E2 🏠 Pg de Gràcia 39
Cientos de frascos de perfume, desde la época romana hasta el presente.

9. *Cap de Barcelona*
📍 N5 🏠 Pg de Colom
La *Cabeza de Barcelona* (1992), del artista pop Roy Lichtenstein, creada para los Juegos Olímpicos de 1992.

10. *Peix*
📍 G5 🏠 Port Olímpic
Enorme escultura resplandeciente con forma de pez (1992) de Frank Gehry.

EDIFICIOS MODERNISTAS

1 Sagrada Família

Las torres vertiginosas y las intrincadas esculturas adornan esta obra maestra de Gaudí (p. 22). Se empezó a construir en la época de pleno apogeo del modernismo, pero sigue en obras más de un siglo después.

2 La Pedrera

Este edificio de viviendas (p. 34), con su fachada curvada y su extraño tejado, tiene el sello arquitectónico característico de Gaudí. Entre lo más característico están los balcones de hierro forjado y los mosaicos de cerámica que decoran los vestíbulos.

3 Fundació Tàpies

Con su fachada racionalista y sencilla, matizada solo por su cobertura de ladrillos de estilo mudéjar, este edificio (p. 112) de 1886 fue la sede de la editorial Montaner i Simón. Fue la primera obra modernista diseñada por Domènech i Montaner, lo que explica que tenga tan pocos de los detalles ornamentales que caracterizaron a sus obras posteriores. En la actualidad es la sede de la Fundació Tàpies y está coronado por una enorme escultura del artista catalán.

4 Recinte Modernista de Sant Pau

Este ambicioso proyecto (p. 111), que desafía y contrasta con fuerza con el trazado simétrico y en cuadrícula de L'Eixample, se planeó en torno a dos avenidas que cortan con un ángulo de 45 grados las calles de este barrio barcelonés. Iniciado por Domènech i Montaner en 1905 y terminado por su hijo en 1930, los pabellones del Hospital de la Santa Creu i de Sant Pau están profusamente decorados con mosaicos, vidrieras y esculturas de Eusebi Arnau. Las columnas octogonales con capiteles florales están inspiradas en las del Monestir de Santes Creus (p. 130), situado al sur de Barcelona.

5 Casa Batlló

📍 E2 🏠 Pg de Gràcia 43 🕐 9.00–22.00 diario 🌐 casabatllo.es ✈

La Casa Batlló, en La Mansana de la Discòrdia (p. 111), con su representación de la leyenda de Sant Jordi (p. 47), ilustra los sentimientos nacionalistas de Gaudí. El tejado es el lomo del dragón y los balcones, con forma de máscaras de carnaval son las calaveras de sus víctimas. La fachada es un buen ejemplo del magnífico dominio de los colores y las texturas por parte de Gaudí.

6 Casa Amatller

📍 E2 🏠 Pg de Gràcia 41 🕐 Tienda y café 9.00–18.00 diario 🌐 amatller.org ✈✈

La parte superior de la fachada de la Casa Amatller es una explosión de tonos azules, beis y rosa, con florones de color burdeos. El uso exagerado de la cerámica como elemento decorativo por parte del arquitecto Puig i Cadafalch es típico del modernismo. En la planta baja

La espléndida entrada al Recinto Modernista de Sant Pau

hay una animada cafetería y la tienda de un reconocido joyero. Las visitas guiadas son diarias a partir de las 10.00 e incluyen el apartamento modernista, una proyección de diapositivas en el antiguo estudio fotográfico de Amatller, y una visita al vestíbulo neomedieval.

7 Casa de les Punxes (Casa Terradas)

Puig i Cadafalch llevó las obsesiones góticas y medievales del modernismo a extremos a los que los demás rara vez se atrevieron al crear este edificio imponente, que parece un castillo, entre 1903 y 1905 *(p. 112)*. El edificio se conoce con el nombre de Casa de les Punxes (Casa de los Pinchos), ya que sus torres cónicas están coronadas por afilados chapiteles. Los llamativos chapiteles contrastan con la fachada, poco decorada. El edificio se utiliza ahora como espacio de *coworking*.

8 Palau Güell

Este es un excelente ejemplo de los experimentos de Gaudí con la estructura, sobre todo, el uso de los arcos parabólicos *(p. 91)* para organizar

Las bóvedas de crucería de los antiguos establos del Palau Güell

el espacio. El arquitecto también usó materiales de construcción poco habituales, como el ébano y maderas preciosas de América del Sur. El palacio alberga una colección permanente del mobiliario que utilizaron sus residentes originales, la familia Güell.

9 Casa Vicens

Casa Vicens *(p. 121),* Patrimonio de la Humanidad de la Unesco, fue la primera casa diseñada por Antonio Gaudí. Su fachada es una explosión de color, a la vez austera y vistosa, con elementos neomudéjares y motivos florales. El edificio es en la actualidad un centro cultural en cuyo interior se conservan las habitaciones residenciales, con mobiliario y pinturas originales. En el sótano hay una librería estupenda.

10 Palau de la Música Catalana

El magnífico auditorio de Domènech i Montaner es una feliz celebración de la música catalana *(p. 40)*. El edificio resplandece con sus frisos de mosaico, vidrieras, cerámicas y esculturas, que muestran todo el esplendor del estilo modernista. La obra de Miquel Blay en la fachada se considera uno de los mejores ejemplos de escultura modernista de Barcelona.

PLAZAS PÚBLICAS

1 Plaça de Catalunya
🗺 M1

El centro neurálgico de Barcelona es la enorme Plaça de Catalunya, un lugar muy animado desde el que parece que se irradia la actividad de la ciudad. Esta plaza es el primer lugar real que la mayoría de visitantes ven de Barcelona. El autobús del aeropuerto para aquí y también lo hacen los trenes de Renfe y un gran número de líneas de metro y de autobús, incluidos la mayoría de autobuses nocturnos. La oficina de turismo también está aquí. La actividad comercial de la plaza es evidente por todas partes, empezando por la omnipresente cadena de grandes almacenes El Corte Inglés. Además, durante las fiestas, en ella se celebran multitudinarios conciertos.

2 Plaça Reial

La Plaça Reial (p. 82), situada en el corazón del Barri Gòtic, es única entre las plazas de Barcelona, con sus arcadas, su encanto del viejo mundo, su urbanismo de tonos arenosos y su aire neoclásico. En la plaza pueden verse las fascinantes farolas diseñadas por Gaudí y majestuosos edificios de mediados del siglo XIX, pero también acoge un buen número de bares y cafés y multitud de habitantes del centro de la ciudad.

3 Plaça del Rei
🗺 N4

La Plaça del Rei, en el Barri Gòtic, es una de las plazas medievales mejor conservadas de la ciudad, como lo demuestran los imponentes edificios históricos que se levantan en ella. Entre estos destaca el Palau Reial (p. 82) del siglo XIV, que alberga el Saló del Tinell, de estilo gótico catalán.

4 Plaça de Sant Jaume

Esta plaza está cargada de historia y de poder y es el corazón administrativo (p. 81) de la Barcelona actual. Está flanqueada por los dos principales edificios de gobierno de la ciudad, el majestuoso Palau de la Generalitat y el ayuntamiento del siglo XV.

5 Plaça de la Vila de Gràcia
🗺 E1

Gràcia, un antiguo municipio anexionado por Barcelona en 1897, todavía rezuma ambiente de pueblo y para relacionarse con los vecinos hay que ir a la plaza más cercana. De todas sus plazas, esta es la mejor, por su gran ambiente y por la impresionante torre del reloj que se levanta en el centro. Las animadas terrazas de las cafeterías atraen a muchos músicos callejeros.

Ruinas de la necrópolis romana en la Plaça de la Vila de Madrid

6 Plaça de la Vila de Madrid
M2

Esta espaciosa plaza se encuentra a pocos metros de la concurrida Rambla *(p. 26)* y está presidida por las ruinas de una necrópolis romana. Se trata de unos vestigios de Barcino, ya que la plaza se sitúa justo en el exterior de los límites de la antigua ciudad romana amurallada. En 1957 se descubrió esta hilera de tumbas desnudas de los siglos II al IV. Todas las ruinas se pueden contemplar desde el nivel de la calle.

7 Plaça Comercial
P4

El animado Passeig del Born termina en la Plaça Comercial, un atractivo espacio salpicado de bares y restaurantes. Justo delante se levanta el mercado del Born *(p. 82)* del siglo XIX, que se ha reconvertido en centro cultural y espacio expositivo.

8 Plaça de Santa Maria
N5

Esta bonita plaza del barrio del Born lleva el nombre de la magnífica iglesia de Santa María del Mar *(p. 82)*, del siglo XV, que domina el conjunto. Vale la pena disfrutar de su ambiente gótico y ver pasar a la gente desde una de las soleadas terrazas.

La neoclásica Plaça Reial, una de las más populares de Barcelona

9 Plaça del Sol
F1

Escondida en la acogedora cuadrícula de Gràcia, esta plaza, llamada popularmente Plaça dels Encants, está rodeada de bonitos edificios del siglo XIX. Cuando cae la noche, se convierte en uno de los centros neurálgicos de la vida nocturna de la ciudad y muchos barceloneses acuden hasta aquí para charlar y pasar el rato en sus terrazas.

10 Plaça de Sant Josep Oriol y Plaça del Pi
M3 & L3

En el Barri Gòtic, el encanto de lo antiguo se une al culto moderno por las cafeterías y los bares en las arboladas plazas de Sant Josep Oriol y del Pi, llamada así por los pinos (*pi* en catalán) que dan sombra a sus rincones y recovecos. Es frecuentada por artistas callejeros y en la zona de la Plaça del Pi se levantan edificios barrocos. La encantadora iglesia gótica de Santa Maria del Pi *(p. 46)* se encuentra entre las dos plazas.

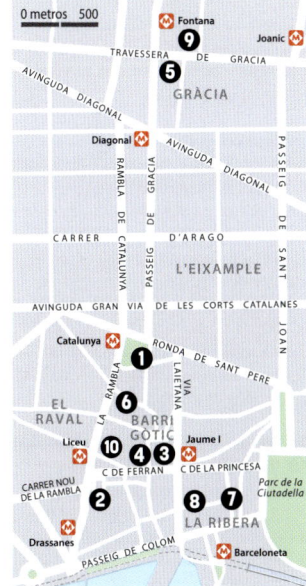

PARQUES Y PLAYAS

1 Parc de Cervantes

📍 Av Diagonal 708 🕐 10.00-
anochecer todos los días

Construido en 1964 para celebrar los
25 años de gobierno de Franco, este
bonito parque, que se encuentra en
las afueras de la ciudad, tendría que
llamarse en realidad Parque de las Rosas,
ya que tiene más de 11.000 rosales de
245 variedades; cuando florecen, su
aroma inunda todo el espacio. Los fines
de semana se llena de gente.

2 Park Güell

Los tortuosos senderos y avenidas
de arcos columnados del Park Güell
(p. 32) armonizan con la frondosa
colina, fusionando alegremente la
naturaleza y la fantasía para crear un
paraíso urbano. Desde la explanada,
con su sorprendente banco de mosaico,
los visitantes disfrutan de unas vistas
espectaculares de la ciudad y de las
casas de cuento de hadas situadas más
abajo, en la entrada.

3 Parc de l'Espanya Industrial

📍 C/Muntadas 37 🕐 10.00-
medianoche todos los días

Situado en el lugar que ocupó una fábrica textil, este parque fue construido en
1986 por el arquitecto vasco Luis Peña
Ganchegui. Se trata de un espacio muy

atractivo, con 10 torres con mirador y
aspecto de faro situadas en torno a un
estanque con barcas y un enorme dragón de hierro fundido que hace las veces de tobogán. Hay un buen bar con terraza y un área de juegos para los niños.

4 Jardins de Joan Brossa

📍 Plaça de Dante 🕐 10.00-
anochecer todos los días

Estos jardines, ubicados en las laderas de
la colina de Montjuïc, reciben el nombre
del poeta catalán y son un lugar apacible
con espectaculares vistas de la ciudad.
Hay senderos que recorren frondosas
arboledas, salpicadas de instrumentos
musicales y zonas infantiles.

5 Parc de la Ciutadella

El mayor parque ajardinado de
Barcelona (p. 106) es como un oasis
verde y tranquilo frente a la agitada
vida de la ciudad. Situado en el espacio
antiguamente ocupado por la
ciudadela militar del siglo XVIII, este
parque del siglo XIX, tranquilo y lleno
de encanto, alberga actualmente el
Parlamento catalán, un plácido
estanque con barcas y una variedad
de obras de escultores catalanes y de
artistas modernos. También cuenta con
la extravagante Cascada Monumental,
que Gaudí ayudó a diseñar.

**Los jardines bien cuidados
del Parc del Laberint d'Horta**

6 Parc del Laberint d'Horta

Estos encantadores jardines (*p. 120*), que se remontan a 1791, son unos de los más antiguos de la ciudad. Situados en la parte alta de Barcelona, donde el aire es más fresco y limpio, el parque incluye unos jardines tematizados, cascadas y un pequeño canal. Lo más destacado es el enorme laberinto con una estatua de Eros situada justo en el centro. Hay una zona de pícnic y un parque infantil a la entrada de los jardines.

7 Playas de la ciudad

Las playas (*p. 105*) de Barcelona fueron reacondicionadas para los Juegos Olímpicos de 1992. En la actualidad los tramos de la Barceloneta y el Port Olímpic son muy concurridas. Las playas se limpian periódicamente y cuentan con duchas, aseos, áreas recreativas para los niños, redes de voleibol y un gimnasio al aire libre. Hay servicio de alquiler de barcas y tablas de surf. Se debe ir con cuidado porque hay muchos carteristas y tironeros.

8 Castelldefels

A solo 20 km al sur de la ciudad se encuentran estos 5 km de amplias playas arenosas con aguas poco profundas, idea-les para los deportes náuticos (se alquilan tablas de windsurf). Al mediodía, los amantes del sol que acuden hasta aquí los fines de semana se refugian en los numerosos chiringuitos para degustar marisco y beber sangría. A la Platja de Castelldefels se llega en tren desde la Estació de Sants o desde la de Passeig de Gràcia.

9 Parc de Joan Miró

🗺 B2 🏠 C/Tarragona 74
🕐 10.00-anochecer todos los días

También conocido como Parc de l'Escorxador, este parque de L'Eixample se construyó sobre el lugar que ocupaba el matadero (*escorxador*) del siglo XIX. La parte embaldosada y más alta del parque está presidida por la imponente escultura de Miró de 22 m *Dona i ocell (Mujer y pájaro)*, creada en 1983. Hay varias áreas de juego para los niños y un par de quioscos cafetería.

10 Premià de Mar y El Masnou

Se trata posiblemente de las mejores playas a las que se puede acceder fácilmente desde Barcelona. Para llegar, hay que tomar un tren a Premià o El Masnou desde Plaça de Catalunya o Estació de Sants. Estas dos playas contiguas, situadas solo 20 km al norte de la ciudad, atraen a residentes y visitantes con su arena dorada y sus aguas limpias y azules.

**Practicando windsurf por
las playas de Castelldefels**

FUERA DE LAS RUTAS HABITUALES

2 Jardins de la Rambla de Sants

📍 A2 🏠 C/d'Antoni de Capmany s/n

Este parque elevado, que se extiende durante casi un kilómetro desde la Plaça de Sants hasta el distrito de La Bordeta, está construido encima de las vías del tren y del metro. Permite dar un agradable y tranquilo paseo, puntuado por refrescantes zonas verdes, entre altos bloques de apartamentos y viejas fábricas.

3 El Refugi 307

📍 C5 🏠 C/Nou de la Rambla 175
🌐 barcelona.cat/museuhistoria
🔲🔲

Durante la Guerra Civil española, en la ciudad se construyeron más de mil refugios subterráneos para proteger a la población de los bombardeos de las fuerzas nacionales. El refugio 307, con 400 m de túneles, tuvo una enfermería, unos baños, una fuente de agua, una chimenea y una sala para los niños. Ahora forma parte del Museu d'Història de Barcelona (p. 82) y permite hacerse una idea del sufrimiento vivido por los habitantes de la ciudad durante la guerra. Hay recorridos guiados.

1 Búnkeres del Carmel

📍 C1 🏠 C/del Turó de la Rovira s/n

Barcelona cuenta con un puñado de búnkeres en desuso –un recordatorio de los ataques aéreos que la ciudad sufrió durante la Guerra Civil–. Excavado en la ladera de una colina, en el barrio del Carmel, el tejado de este búnker es un excelente mirador para ver la puesta de sol. El búnker cierra al atardecer, pero los alrededores ofrecen buenas vistas.

Las vistas de la ciudad desde los búnkeres del Carmel

4 Mercat de la Llibertat

🏠 Pl Llibertat 27 📞 93 413 23 23
🕐 8.30-20.30 lu-vi, 8.30-15.00 sá; los horarios de los puestos varían

El Mercat de la Llibertat, en Gràcia, se construyó en 1888 y destaca por su hermosa decoración de hierro forjado y cerámica. La plaza en la que se ubica se conocía como la Plaça de la Constitució y se usaba como mercado de productores. Además de la impresionante variedad de productos frescos, también hay unos cuantos puestos excelentes que venden de todo, desde fotos originales hasta artículos de cocina y ropa.

5 Parc del Laberint d'Horta

Estos encantadores jardines del siglo XVIII (p. 120) están repletos de estatuas clásicas, pequeños pabellones y estanques ornamentales, pero es el fabuloso –y sorprendentemente complicado– laberinto situado en su centro el que atrae a los visitantes.

6 Convent de Sant Agustí

📍 P3 🏠 Pl l'Academia s/n, C/Comerç 36 🕐 9.00-20.00 lu-vi, 10.00-14.00 y 16.00-21.00 sá

El Convent de Sant Agustí, del siglo XV, es actualmente un centro cultural, con un bonito café situado bajo los arcos de lo que queda del claustro. Es un lugar tranquilo y familiar, perfecto para pasar la tarde.

7 Basílica de la Puríssima Concepció

📍 F2 🏠 C/d'Aragó 299 🕐 7.30-13.00 y 17.00-21.00 lu-vi (ago: hasta 20.00); 7.30-14.00 y 17.00-21.00 do
🌐 parroquiaconcepciobcn.org

Esta basílica, que data del siglo XIII, formaba parte originalmente del monasterio de Santa Maria de Jonqueres y fue trasladada piedra a piedra hasta su emplazamiento actual en el siglo XIX. No hay que perderse el precioso claustro gótico, inundado de plantas y del cantar de los pájaros y rodeado de esbeltas columnas del siglo XV. En la basílica se celebran conciertos regularmente.

Las puertas de hierro forjado de los Pabellones Güell, con el icónico dragón

8 Pabellones Güell

📍 B2 🏠 Av Pedralbes 7 📞 93 317 76 52 🕐 Por reforma

Gaudí diseñó las casas de los guardas y las caballerizas, que se conocen conjuntamente como Pabellones Güell, para su patrón, Eusebi Güell, en la década de 1880. En la visita guiada puede admirar el enorme dragón, inspirado en el mito del jardín de las Hespérides, que sobresale de la puerta de hierro forjado y visitar el complejo dentro de un recorrido guiado.

9 Plaça Osca

📍 B2

En el barrio de Sants, esta vieja plaza, llena de árboles, está flanqueada de numerosos bares y restaurantes con terrazas al aire libre. Son pocos los turistas que llegan hasta aquí, pero cada vez es más popular entre los barceloneses modernos. Cuenta con varios locales fantásticos en los que disfrutar de la cerveza artesana y las tapas ecológicas.

10 Parc de Cervantes

Cada primavera, cientos de personas acuden a estos jardines del Parc de Cervantes (p. 54) para admirar la floración de sus 11.000 rosales de 245 variedades distintas. Las áreas de césped se extienden alrededor de los rosales, salpicadas por zonas de pícnic y áreas de juegos infantiles.

BARCELONA EN FAMILIA

Disfrutando de una atracción en
el Parc d'Atraccions del Tibidabo

1 Parc d'Atraccions del Tibidabo
Pese a parecer vetusto, el único parque de atracciones que queda en la ciudad es una delicia (p. 119). Entre dichas atracciones hay una montaña rusa, una casa de los horrores, coches de choque, una noria y el Museu dels Autòmats (p. 49), con animatrónicos de todos los tamaños y formas. También cuenta con un espectáculo de marionetas, áreas de pícnic, zonas de juegos y muchos bares y restaurantes.

2 La Rambla
Al llegar al final del principal paseo de Barcelona (p. 26), a uno le duelen los hombros de llevar a sus hijos al cuello, por encima de la gente, para que no se pierdan nada. Tragafuegos, músicos callejeros, estatuas humanas disfrazadas de diosas griegas, cualquier cosa que se ocurra es probable que esté en la Rambla entreteniendo a la multitud.

3 Museu Marítim
Mapas antiguos que muestran mares repletos de monstruos, barcos de pesca restaurados y una colección de mascaro-

nes de proa permiten hacerse una idea de la historia marítima de la ciudad. Vale la pena echar un vistazo al galeón español de tamaño natural que se expone acompañado de efectos de luz y sonido. Este museo (p. 91), que ocupa las enormes atarazanas medievales, las Drassanes, es absolutamente imprescindible para cualquier capitán de barco en ciernes.

4 Parc de l'Oreneta
🗺 A1 🚂 Tren de l'Oreneta
Este agradable parque sombreado cuenta con senderos colina arriba, muchas zonas de juego y de pícnic, además de un prado en el que los niños pueden darse una vuelta en poni. Quizás lo mejor sea el tren en miniatura (Tren de l'Oreneta, *trenoreneta.com*) que parte de una pequeña estación y hace un recorrido de 650 m por el parque.

5 Parc del Laberint d'Horta
La principal atracción de este precioso parque (p. 120) es el enorme laberinto de setos en el que los niños pueden vivir sus propias aventuras al estilo de *Alicia en el país de las maravillas*. Hay una zona de juegos y un bar a la entrada del parque. Se suele llenar los domingos.

6 Telefèric de Montjuïc

C5 Parc de Montjuïc
10.00–18.00 todos los días (mar-may y oct: hasta 19.00; jun-sep: hasta 21.00) telefericdemontjuic.cat

En lugar de coger el teleférico más elevado que recorre las aguas del puerto, si se va con niños, es mejor este otro más pequeño y que se desplaza a menos altura. El recorrido hasta la cumbre de Montjuïc también tiene el atractivo añadido del castillo (*p. 99*) situado en lo más alto, con cañones a los que pueden encaramarse los niños.

7 Playas de la ciudad

Para los niños, hay muchos más motivos para ir a las playas de Barcelona que simplemente chapotear en sus aguas cálidas y jugar en la arena. Las *platges* (playas) del Port Vell y el Port Olímpic ofrecen una gran variedad de áreas recreativas bien equipadas en las que los más pequeños estarán entretenidos (*p. 105*). Además, los numerosos bares y restaurantes hacen que encontrar un lugar en el que refrescarse y tomar algo sea fácil.

8 Tour del estadio y Museo del FC Barcelona

A los aficionados al fútbol les encantará el Museo del FC Barcelona y el estadio (*p. 120*). En la visita se ven los vestuarios de los jugadores, el famoso estadio y hay exposiciones interactivas. También se ve la impresionante sala de trofeos del Barça.

9 Museu d'Història de Catalunya

Este maravilloso museo (*p. 105*) repasa la historia de Cataluña a través de una serie de exposiciones interactivas que son muy populares entre escolares y personas de todas las edades. Los visitantes pueden vestirse de guerreros medievales y galopar a lomos de caballos de madera. Además de otras actividades para niños, todos los sábados hay una sesión de cuentos de una hora.

10 Viajes en barco

Las Golondrinas de la ciudad (*p. 106*) son unos barcos que realizan viajes regulares desde el puerto, proporcionando una excursión muy divertida para los niños de más edad. Los más pequeños probablemente prefieran pasearse en una barca de remos en el estanque del Parc de la Ciutadella (*p. 106*).

Remando en las mansas aguas del Parc de la Ciutadella

VIDA NOCTURNA

1 Clubes de jazz
La escena jazzística de Barcelona es famosa en todo el mundo. Prueba de ello son los miles de asistentes al Festival Internacional de Jazz de Barcelona *(p. 75),* donde actúan los mejores del mundo. Durante todo el año hay actuaciones nocturnas en legendarios bares de jazz como Jamboree *(jamboreejazz.com)* y Harlem *(harlemjazzclub.es).*

2 Cines
Barcelona, una ciudad digna de las mejores pantallas, tiene un montón de lugares para atraer a los cinéfilos. Se proyectan películas de arte y ensayo, retrospectivas y eventos en la Filmoteca *(filmoteca.cat),* el instituto cinematográfico catalán, y para ver cine independiente, se puede acudir a los cines Verdi *(barcelona.cines-verdi. com)* en Gràcia.

3 Discotecas
Barcelona es una ciudad llena de ritmo y, al ponerse el sol, nada como ir a bailar. En las cinco salas de la legendaria Razzmatazz *(salarazzmatazz.com)* se puede escuchar de todo, desde electrónica a indie pop. El Sutton Club *(suttonbarcelona.com),* la discoteca más exclusiva de la ciudad, ofrece remezclas y un ambiente lleno de famosos. Eso sí, muchos de estos establecimientos no abren antes de la medianoche.

4 LGTBIQ+
Barcelona es una de las ciudades con mayor oferta LGTBIQ+ de Europa. El centro de diversión de la comunidad se encuentra en L'Eixample, en torno a las calles Balmes, Gran Vía, Urgell y la calle Aragó. Esta zona permite perderse en numerosos bares, discotecas y restaurantes, como PuntoBCN *(C/ de Muntaner, 65)* o discobares en miniatura como La Carra *(lacarrabcn.com).*

5 Espectáculos cómicos
Cuando hay ganas de reírse, la floreciente escena cómica de Barcelona es una forma estupenda de pasar una velada, ya sea en algún espectáculo de improvisación o en noches de micrófono abierto. En el Teatreneu *(teatreneu.com)* actúan grandes cómicos, en español o catalán. The Comedy Clubhouse *(thecomedyclubhouse.es)* ofrece espectáculos en inglés e incluye debates cómicos entre borrachos.

6 Coctelerías
Barcelona no es solo sangría. Las coctelerías son una parte importante de la noche de Barcelona, que cuenta con algunos de los mejores bares y mixólogos del mundo. En Solange *(p. 115)* sirven cócteles con nombres de películas de James Bond. Two Shmucks *(p. 96)* cambia la carta con regularidad.

7 Teatro
Barcelona es una ciudad con una floreciente oferta de teatro, desde producciones clásicas a vanguardistas.

**Actuación en directo en el
Tablao Flamenco Cordobés**

**Trentemøller actuando en
la discoteca Razzmatazz**

Muchas de las mejores se proyectan en el Teatre Nacional de Catalunya (*tnc.cat*) y en el Teatre Lliure (*teatrelliure.com*). Para ver teatro clásico, en verano se celebra al aire libre el Festival Grec de Barcelona en el Teatre Grec (*p. 100*).

8 Cruceros al atardecer

Al atardecer, las aguas de Barcelona son el lugar perfecto para ver la puesta de sol. Quienes quieran relajarse tras un largo día pueden subir al catamarán Orsom (*barcelona-orsom.com*). En él, se puede disfrutar de la experiencia de ver ponerse el sol mientras se recorre la costa con una banda sonora de jazz.

9 Ópera y zarzuela

En los auditorios de Barcelona no falta la ópera. Las mejores se encuentran en el Gran Teatre del Liceu (*p. 26*), el más antiguo de Barcelona. El Auditori (*auditori.cat*) también cuenta con ópera en su variada programación. La ciudad oferta también espectáculos de zarzuela que combinan música operística ligera con danza y diálogos hablados.

10 Flamenco

El flamenco tiene sus raíces en Andalucía, pero cuenta con apasionados seguidores en Cataluña, donde los tablaos se llenan. En el Tablao Flamenco Cordobés (*tablaocordobes.es*) actúan talentos jóvenes junto a otros consagrados, como Miguel Poveda o Mayte Martín.

TOP 10 ESTRELLAS CATALANAS

1. Rosalía
Esta artista catalana mundialmente famosa combina el flamenco con otros géneros para crear un estilo único.

2. Montserrat Caballé
Una de las mejores cantantes de ópera de todos los tiempos, consiguió decenas de premios y cantó la famosa canción *Barcelona* con Freddie Mercury en los Juegos Olímpicos de 1992.

3. Daniel Brühl
Brühl, nacido en Barcelona, ha actuado en películas como *Good Bye, Lenin!*, *Malditos bastardos* y *Rush*.

4. Laia Costa
Costa es una de las actrices españolas más famosas. Ha protagonizado películas como *Victoria*, *Newness* y *Un amor*.

5. Mayte Martín
Mayte Martín es una pionera del flamenco catalán que destaca por su potente voz.

6. Clara Segura
Actriz consumada conocida internacionalmente por su papel en *Mar adentro*, ganadora de un Oscar.

7. Àlex Brendemühl
Brendemühl interpretó a Josef Mengele en *El doctor alemán*, además de intervenir en otras 60 películas y series.

8. David Verdaguer
Verdaguer es un premiado actor catalán famoso por *10.000 km*, que consiguió un premio Gaudí.

9. Morad
Morad es un rapero conocido por su estilo enérgico y crudo; su música mezcla letras atevidas y ritmos pegadizos.

10. Joan Manuel Serrat
Serrat, el más célebre cantante catalán, mezcla lirismo, poesía y un estilo ecléctico.

LUGARES PARA FOTOGRAFIAR

1 Font Màgica
Se pueden tomar magníficas fotos de la exuberante Font Màgica *(p. 99)*, a la que se suman pequeñas fuentes hasta llegar al Palau Nacional *(p. 99)*. Debido a la sequía que afecta a Cataluña, la cascada se ha interrumpido, pero se espera que pueda restablecerse en el futuro.

2 Cubierta de la catedral de Barcelona
Para tener una vista desde lo alto de las laberínticas callejuelas del Barri Gòtic *(p. 80)*, merece la pena subir a las cubiertas de la catedral de Barcelona *(p. 28)*, donde destacan las gárgolas y la piedra tallada de la aguja principal.

3 Museu d'Història de Catalunya
El café de la última planta del Museu d'Història de Catalunya *(p. 101)* ofrece magníficas vistas de Port Vell y de las laderas de Montjuïc *(p. 98)*. Es buena idea ir al atardecer para tomar las mejores fotos de Barcelona.

La Plaça de Sant Felip Neri, del siglo XVIII, al anochecer

4 Plaça de Sant Felip Neri
Los laberínticos callejones y plazas que componen el Barrio Gòtic *(p. 80)*, salpicado de historia, son el sueño de todo fotógrafo. La pequeña Plaça de Sant Felip Neri *(p. 84)*, con su fotogénica iglesia y sencilla fuente de piedra, son un escenario ideal para una foto. También la hacen atractiva sus numerosos elementos históricos.

5 Park Güell
Gaudí dio rienda suelta a su imaginación en este espectacular parque *(p. 32)*. La salamandra de la entrada, realizada en azulejos de vivos colores, y el magnífico panorama que se divisa desde el sinuoso banco de la plaza principal son postales clásicas que atraen a los que gustan de hacer fotografías. Hay numerosos detalles de bella factura que llamarán la atención del fotógrafo.

Playa de arena en la popular ciudad turística de Sitges

6 Castell de Montjuïc

Los bastiones y rampas de este castillo (p. 99) son una de las mejores atalayas de la ciudad y gozan de increíbles vistas que permiten encuadrar varios lugares de interés en la misma fotografía. Para hacer una foto de un lado diferente de la ciudad, se pueden tomar imágenes de los contenedores de carga del puerto.

7 Museu d'Art Contemporani

El Museo de Arte Contemporáneo de Barcelona, MACBA (p. 42), es un impresionante edificio blanco en medio de una gran plaza moderna tomada por los *skaters*. Sus movimientos rápidos son ideales para tomar fotos de acción.

8 Búnkeres del Carmel

Desde estos búnkeres (p. 56), que datan de la Guerra Civil (p. 11), hay unas vistas extraordinarias. Enclavados en un barrio tranquilo, son el lugar ideal para fotografiar la ciudad cuando el sol se pone. Son, de hecho, uno de los lugares más fotografiados de Barcelona.

9 La noria del Tibidabo

Subirse a la noria histórica del parque de atracciones del

La icónica y colorida noria del Tibidabo

Tibidabo (p. 119) permite recrear una toma clásica de Barcelona: el arcoíris de coches aparcados debajo, con la ciudad de fondo.

10 Playas

Es difícil tomar una mala foto de las playas (p. 105) de Barcelona. Una apuesta siempre ganadora es una foto al atardecer de la elevada escultura diáfana de Rebeca Horn *The Wounded Star*, en la Barceloneta. Hay otros lugares magníficos a corta distancia de la ciudad, como las playas de Sitges (p. 129).

BARES Y TERRAZAS

1 La Vinya del Senyor
Este pequeño bar *(p. 87)* es muy apreciado por su terraza con vistas a la magnífica basílica de Santa María del Mar, perfecto para disfrutar de vino local y deliciosas tapas mientras se ve pasar a la gente.

2 Camping Mar
En el puerto deportivo, detrás del Hotel W, el Camping Mar *(p. 109)* es uno de los pocos lugares agradables al aire libre para comer y beber. Es ideal para disfrutar de cócteles mientras se contemplan las vistas de los yates en el puerto.

3 Bar Kasparo
Este bar desenfadado *(p. 96)* sirve platos de cocina internacional con un toque moderno. Vale la pena probar el pollo al *curry* y la ensalada griega. Situado en una plaza tranquila sin tráfico, su terraza es ideal para una larga sobremesa.

De día es un lugar popular para las familias, por el parque que hay al lado, pero al caer el sol corren la cerveza y la sidra.

4 Bar Calders
El Carrer del Parlament está lleno de *boutiques* y restaurantes de moda, pero el Bar Calders *(p. 103)* destaca por su agradable terraza, sus tapas y su amable personal. Es uno de los mejores de la ciudad para tomarse un vermut y un plato de aceitunas.

5 Torre Rosa
Situado en el patio de una villa centenaria de color rosado, este bar *(p. 124)* es un lugar ideal para huir del ajetreo de la ciudad y tomarse un cóctel a la sombra de las palmeras en verano.

6 La Caseta del Migdia
Situado en el pinar que hay detrás del castillo de Montjuïc, este

La bonita terraza de La Caseta del Migdia

bar solo abre en verano *(p. 103)*. Sus magníficas vistas, cerveza helada y conciertos de jazz o sesiones de DJ lo hacen irresistible para huir del calor de la ciudad y ver el atardecer.

7 Cotton House Hotel Terrace

Situado en un edificio emblemático que en la actualidad es un hotel, este enorme bar con terraza *(p. 115)* cuenta con sillas y sofás en medio de plantas exuberantes. Es un sitio de moda para tomarse un vino, un cóctel o unas tapas de calidad.

8 Jardín del Alma

Es difícil de creer que uno esté en mitad de la ciudad cuando se entra en el bonito y romántico Jardín del Alma, que pertenece al elegante Alma Barcelona Hotel. Buenos vinos, cócteles, además de exquisitas tapas y un ambiente agradable.

9 Fragments Cafè

El agradable Fragments Café *(p. 125)* está situado en una de las plazas más bonitas de la ciudad. No es un lugar al que ir con prisas; en las cálidas noches de verano, se puede cenar en el jardín posterior a la luz de las velas.

10 Antic Teatre Café-Bar

Escondido en un pequeño callejón, este bar con terraza *(p. 87)* está junto a un teatro y es un popular lugar de reunión de actores y músicos. Ideal para tomarse un café tranquilamente durante el día, por la noche se transforma en un jardín secreto y una terraza perfectos para tomarse un vino.

Disfrutando en la terraza del Antic Teatre Café-Bar

DE TAPAS

Embutidos en un puesto del Mercat de la Boqueria

1 Fuet
Cataluña es famosa en toda España por sus *embotits* (embutidos), especialmente por el fuet, elaborado a base de carne de cerdo y sazonado con ajo y pimienta negra. Una de las mejores formas para degustarlo es acompañado de una cerveza fría en El Vaso de Oro *(p. 107)*. Se produce sobre todo en la ciudad catalana de Vic.

2 Patatas bravas
Otro de los platos habituales son las clásicas patatas bravas *(patates braves)*, en las que el secreto es la salsa, más o menos picante en función de la cantidad de pimentón picante o guindillas. En muchos bares también se suelen servir las patatas con mayonesa o alioli.

3 Pa amb tomàquet
Este sencillo clásico catalán está por todas partes. Se suele tomar habitualmente para empezar el día. Consiste en una rebanada de pan, en ocasiones tostado, en la que se restriega tomate, a veces ajo y se le echa aceite de oliva y una pizca de sal. En algunos establecimientos es el propio cliente el que tiene la posibilidad de preparárselo.

4 Croquetas
Las *croquetes* (croquetas) se hacen con bechamel y bacalao, jamón, pollo o espinacas, luego se rebozan y se fríen. Las versiones más recientes se hacen con gambas, tinta de calamar o setas. Uno de los establecimientos más populares para tomar croquetas es el Bar del Pla *(p. 88)*.

5 Mejillones
Los *musclos* son habituales en la cocina catalana y se preparan al vapor, a la marinera, con ajo o a la crema. Algunos sitios sirven mejillones del Delta de l'Ebre, situado al sur de la Comunidad, en la provincia de Tarragona.

6 Bombas
Las bombas son bolas de patata aplastada rellena con carne ligeramente picante, rebozadas y luego acompañadas de alioli o salsa de tomate picante. Son especialmente populares en el antiguo barrio pesquero de la Barceloneta.

7 Tortilla de patatas
La *truita de patates* se sirve en todos los bares de la ciudad. Muchas veces va acompañada de alioli. Otra alternativa deliciosa es probar las

Una mesa llena de populares platos para picar

tortillas de *carbassó* (calabacín), *alberginia* (berenjena) o *carxofa* (alcachofa). En la Cervecería Catalana *(p. 117)* tienen una buena selección.

8 Escalivada

Se trata de un plato puramente catalán. Hay quien dice que los colores del plato representan la bandera catalana. Se compone de pimientos asados o a la parrilla, berenjenas y cebollas y se sirve frío o ligeramente templado. También es una opción para poner sobre una coca. Las mejores se encuentran en El Quim de la Boqueria *(p. 97)*, en el Mercat de la Boqueria.

9 *Pernil serrà*

Pernil serrà es el término catalán para el jamón serrano, un plato muy popular en Cataluña, al igual que en el resto de España. Hay distintas calidades dependiendo del tiempo de curación.

10 Calamares

Los calamares son muy habituales en los bares de tapas y en los restaurantes, donde se sirven a la romana o guisados con gambas o carne. También integran platos de arroz como el *arròs negre*, que se prepara con la tinta del calamar. Cal Pel *(p. 89)* ofrece algunas de las mejores especialidades de platos a base de calamares de la ciudad.

TOP 10
BEBIDAS

1. *Cigaló*
El *cigaló (carajillo)*, combina el café con un chorrito de coñac, whisky o ron.

2. *Tallat y cafè sol*
Un *tallat* es un café cortado con un poco de leche. Un *café sol* es un café solo. En verano, ambos se pueden tomar *amb gel* (con hielo).

3. *Cafè amb llet*
El *café amb llet* (con leche) se suele servir en taza más grande, sobre todo por la mañana.

4. *Orxata*
La horchata se elabora a partir de la chufa y es un clásico en verano.

5. *Granissat*
Otro clásico del verano para calmar la sed es el granizado, normalmente de limón.

6. *Aigua*
Para hidratarse, nada como el agua. La mineral puede ser *amb gas* o *sense gas*.

7. *Cacaolat*
El batido de chocolate con leche es un clásico en Cataluña y una de sus principales exportaciones.

8. *Canya y clara*
Una *canya* es el nombre catalán para el vaso de cerveza de grifo. La clara puede combinar cerveza y gaseosa o cerveza y refresco de limón.

9. *Cava*
Freixenet y Codorníu son las dos marcas más famosas de cava catalán.

10. *Vermut*
Vino generoso que se puede servir con un poco de sifón. La *vermutada* es todo un ritual en Cataluña.

Una copa de cava con una fresa

DE COMPRAS

1 Passeig de Gràcia
📍 E3

Esta gran avenida, en la que se levantan lujosos edificios modernistas, acoge algunas de las principales tiendas de moda y diseño de la ciudad. Desde las grandes marcas internacionales de lujo (Chanel, Gucci, Dior, Stella McCartney) hasta las empresas españolas que triunfan en el mundo (Camper, Loewe, Zara, Bimba y Lola, Mango), todas están aquí. Los amplios bulevares situados a ambos lados de la avenida acogen muchas más, sobre todo la calle Consell de Cent, que también cuenta con galerías de arte, y las calles Mallorca, València y Roselló.

2 Carrer Girona
📍 P1

Quienes busquen moda a precios de ganga deben dirigirse a la calle Girona (metro Tetuán), donde se concentran los *outlets* de diseñadores y grandes marcas. La mayoría ofrecen moda para mujer, incluida ropa de calle de marcas como Mango, ropa de noche y zapatos, por ejemplo, de los diseñadores catalanes Etxart & Panno, y diseños de gama alta, como los de Javier Simorra.

3 Plaça de Catalunya y Carrer Pelai
📍 L1 y M1

El concurrido centro de la ciudad es también su principal zona comercial. En ella se levantan los grandes almacenes El Corte Inglés y el centro comercial El Triangle, donde se encuentran la FNAC (libros, discos, electrónica) y Séphora (perfumes y cosméticos). La cercana calle Pelai está repleta de zapaterías y tiendas de ropa y se dice que es la calle peatonal más transitada de toda España. Un paseo lleva hasta la calle Tallers, con muchas tiendas de ropa de segunda mano.

La principal calle comercial de Barcelona, el Passeig de Gràcia

4 Maremagnum
🔲 E6 🏠 Muelle de España 5
🕙 10.00–21.00 diario

Este centro comercial y de ocio, situado junto al mar, abre todos los días del año. Aquí se encuentran las principales cadenas de ropa, además de una buena variedad de cafeterías y restaurantes, incluido el popular Time Out Market Barcelona.

5 Portal de l'Àngel
🔲 M2

La calle peatonal del Portal de l'Àngel, que en su tiempo fue una vía de entrada a la ciudad amurallada de Barcino, es un ir y venir constante de transeúntes cargados de bolsas. Hay un montón de zapaterías, tiendas de ropa y accesorios y joyerías.

6 Rambla de Catalunya
Continuación de la Rambla, este paseo *(p. 112)* está lleno de elegantes tiendas y cafeterías desde Plaça de Catalunya hasta la Diagonal. Aquí se puede hallar de todo, desde calzado y bolsos de calidad hasta ropa de hogar y lámparas.

7 Carrer Portaferrissa
🔲 M3

Zapatos de plataforma con estampados de cebra, *piercings*, camisetas infantiles en tonos pastel…, esta calle podría llamarse perfectamente Carrer "Tendencias". Además de todas las cadenas habituales –de H&M a Mango y NafNaf–, en esta calle encontrará El Mercadillo, que está abarrotado de modernas tiendecitas en las que se pueden comprar cinturones con tachuelas, gafas de sol con montura al aire, ropa de surf y cosas por el estilo. Una vez satisfechas las ganas de moda, es momento de comprar una bonita y deliciosa caja de bombones en Fargas, en la vecina calle del Pi (n.º 16).

8 Gràcia
🔲 F1

En la calle Astúries (y sus adyacentes) y a lo largo de la Travessera de Gràcia se concentran las viejas librerías, las tiendas de ultramarinos familiares, las *boutiques* independientes que venden ropa moderna, muchas veces *vintage*, y las tiendas de menaje del hogar y de accesorios. En Gran de Gràcia también hay una gran cantidad de tiendas modernas de ropa y zapatos.

9 El Born
🔲 P4

En la maraña de callejuelas del Born hay todo tipo de tiendas de arte y diseño. El Passeig del Born y el Carrer Rec están salpicados de pequeñas galerías innovadoras (de escultura a interiorismo), así como de *boutiques* de ropa y calzado. Es la mejor zona para comprar ropa y accesorios originales.

10 Avinguda Diagonal
🔲 D1

Como su nombre indica, atraviesa en diagonal toda la ciudad. Además, es una de las principales calles comerciales, con tiendas desde el oeste del Passeig de Gràcia hasta el centro comercial L'Illa y los enormes grandes almacenes de El Corte Inglés, situados cerca de la Plaça Maria Cristina. La calle está llena de tiendas de ropa y calzado de lujo –incluidos Armani, Loewe y Hugo Boss– y también cuenta con tiendas de interiorismo, joyerías, relojerías y mucho más.

Buscando cosas para la casa en una tienda de la Avinguda Diagonal

MERCADOS

1 Mercado de libros y numismática del Mercat de Sant Antoni

D2 ☐ C/Comte d'Urgell ☐ 8.00-15.00 do ☐ mercatdominical desantantoni.com

Para los amantes de los libros no hay mejor manera de pasar la mañana del domingo que escudriñando en este mercado de Sant Antoni. Encontrará una cantidad increíble de libros gastados de tapa blanda, ejemplares antiguos, pilas de revistas viejas, cómics, tarjetas postales y muchas cosas más.

2 Fira de Santa Llúcia

N3 ☐ Pl de la Seu ☐ 1-23 dic: 10.00-20.00 todos los días (los horarios pueden variar)

La temporada navideña empieza oficialmente cuando los artesanos locales instalan sus puestos delante de la catedral y se inaugura este mercadillo anual de Navidad. Vale realmente la pena visitarlo, aunque solo sea para fisgonear los *caganers*, unas pequeñas figuras con una postura agachada para *fer caca* (defecar). Los *caganers* son una tradición exclusiva de Cataluña y se suelen esconder en los belenes. Esta celebración tan poco habitual de lo escatológico también se repite en otras tradiciones navideñas.

3 Els Encants

Situado debajo de unas cubiertas metálicas resplandecientes, Els Encants (*p. 112*), es uno de los rastros más antiguos de Europa, ya que se remonta al siglo XIV. Vende de todo, desde ropa de segunda mano hasta aparatos eléctricos, juguetes y libros usados. Los compradores con buen criterio pueden equipar aquí una cocina entera, empezando por las cazuelas y las sartenes. Los cazadores de gangas tienen que venir temprano.

4 Mercat de la Boqueria

El mercado de alimentos más famoso de Barcelona está estratégicamente ubicado en La Rambla (*p. 26*). Todo es fresco y los compradores tienen montones de cosas entre las que elegir, porque hay cientos de puestos en los que se pueden encontrar desde tomates madurados al sol hasta piernas de ternera, marisco y cuñas de queso manchego. Merece la pena picar algo o tomarse un café en los animados mostradores.

5 Mercat de la Barceloneta

F6 ☐ Pl Font 1, Barceloneta ☐ 7.00-15.00 lu-ju y sá, 7.00-20.00 vi ☐ mercatdelabarceloneta.com

El llamativo mercado de la Barceloneta se encuentra junto a una gran plaza.

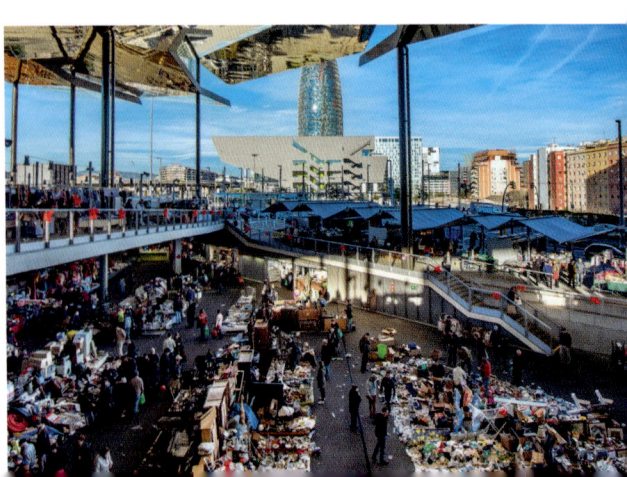

Artículos antiguos en el popular Mercat dels Antiquaris

Además de los coloridos puestos, hay también bares y panaderías que ofrecen degustación.

6 Mercat dels Antiquaris

📍 N3 🏛 Pl de la Seu 🕐 10.00-20.00 ju 🔒 Ago 🌐 mercatgoticbcn.com

Los aficionados a las antigüedades y los coleccionistas rebuscan satisfechos entre la gran cantidad de bisutería antigua, relojes, candelabros, bordados y baratijas que se acumulan en este veterano mercadillo de antigüedades situado delante de la catedral.

7 Fira de Filatelia i Numismàtica

📍 L4 🏛 Pl Reial 🕐 9.00-14.30 do

Organizado alrededor de la elegante Plaça Reial *(p. 82)*, este mercado de sellos y monedas atrae a ávidos coleccionistas de toda la ciudad. Los objetos de coleccionista más nuevos son las tarjetas telefónicas y las viejas *xapes* de cava (chapas de cava). Cuando el mercado acaba –y la policía local se va a comer– el lugar es ocupado por un rastrillo improvisado. Personas mayores e inmigrantes del barrio sacan sus pertenencias y las dejan expuestas a la venta en el suelo.

Puestos del Els Encants, uno de los mercadillos más concurridos de Barcelona

8 Fira Artesana

📍 L3 🏛 Pl del Pi 🕐 10.00-22.00 1er y 3er vi, sá y do de mes

La Plaça del Pi *(p. 53)* se llena de comida natural y ecológica durante la Fira Artesana, cuando los productores artesanales traen sus productos hasta este rincón del Barri Gòtic. El mercado está especializado en quesos y mieles artesanales, desde miel de trébol de olor del Pirineo hasta productos a base de frutos secos de Reus.

9 Mercat del Art de la Plaça de Sant Josep Oriol

📍 M3 🏛 Pl de Sant Josep Oriol 🕐 11.00-20.30 sá, 10.00-15.00 do

Los fines de semana, los artistas locales se reúnen en esta plaza del Barri Gòtic *(p. 80)* para montar sus caballetes y vender sus obras. Encontrará desde acuarelas de paisajes catalanes hasta pinturas al óleo de iglesias y castillos.

10 Mercat de Santa Caterina

📍 N3 🏛 Av Francesc Cambó 16 🕐 7.30-15.30 lu, mi y sá, 7.30-20.30 ma, ju y vi 🌐 mercatsantacaterina.com

Cada barrio tiene su propio mercado de alimentos con tentadores puestos, pero este puede alardear de un edificio espectacular. El llamativo edificio fue una de las últimas creaciones del arquitecto catalán Enric Miralles (1955-2000).

BARCELONA GRATIS

1 Open House Barcelona
🌐 48hopenhousebarcelona.org
Se pueden ver domicilios privados, nuevos y fascinantes edificios y monumentos históricos durante el fin de semana Open House anual. Muchos edificios que normalmente no abren al público pueden visitarse, entre ellos el Arc de Triomf y la sede del centro cultural Ateneu.

2 Tardes de domingo en los museos municipales
Todos los museos de titularidad municipal son gratuitos normalmente el primer sábado o domingo del mes. El Museu de Catalunya, el Disseny Hub, el Centre de Cultura Contemporània de Barcelona (CCCB), el Museu d'Història de Barcelona (MUHBA) y el Museu Blau (centro principal del Museu de Ciències Naturals) son gratuitos los domingos a partir de las 15.00. Hay una lista completa en la web de Barcelona Turisme (*barcelonaturisme.com/wv3/en/enjoy/25/a-zero-cost- cultural-afternoon.html*).

3 Font Màgica
La Fuente Mágica (*p. 99*), con su espectáculo de luces y sonido, es un auténtico ballet sincronizado en el que los chorros de agua multicolores siguen las distintas músicas y se elevan elegantemente formando hileras hasta el MNAC, situado en la colina del fondo. El programa, que incluye desde música clásica hasta canciones de Disney, está disponible en la página web de Barcelona Turisme. El Piromusical, un gran espectáculo de fuegos artificiales, música y láser, que pone punto final a las fiestas de la Mercè, también se celebra aquí.

4 La Capella
📍 K3 📍 C/Hospital 56 🕐 Los horarios varían, consultar la página web 🌐 lacapella.barcelona
La capilla del Antic Hospital de la Santa Creu (*p. 94*) se ha convertido en un fantástico espacio dedicado al arte que acoge exposiciones de obras contemporáneas de artistas prometedores.

Fuegos artificiales durante las Festes de la Mercè

5 Festes
Cada barrio tiene su propia *festa major* (distintas fechas, jun-sep), que van desde el desenfreno festivo de Gràcia hasta las celebraciones más modestas del Poble Sec. Las fiestas más importantes son las Festes de la Mercè. En ellas se pueden ver varias tradiciones catalanas, desde *castells* (torres humanas) hasta *correfocs* (correfuegos), y todas son gratuitas.

6 Cinema Lliure al Platja
📍 E6 🌐 cinemalliure.com/platja
En los meses de verano, en las playas se proyectan películas independientes de forma gratuita. Suele ser una noche a la semana (normalmente los jueves) de julio y agosto. Se puede consultar la programación en la web.

7 Vistas espectaculares
Con multitud de miradores, Barcelona ofrece un abanico de posibilidades para contemplar la belleza de la ciudad. Nada mejor que combinar una copa de cava con las vistas al atardecer desde los búnkeres del Carmel (*p. 56*).

Otra opción es el monte Tibidabo, la montaña mágica, también muy popular por sus vistas.

8 Carretera de les Aigües

Esta carretera, que recorre una ladera del parque de Collserola *(p. 121),* es popular entre ciclistas y corredores y ofrece unas vistas espectaculares de toda la ciudad hasta el mar. Además, llegar hasta ella también es divertido: hay que coger el tren de los FGC hasta Peu del Funicular y subir al funicular hasta la parada de la carretera.

9 Arte urbano

Las calles están llenas de obras de artistas de fama mundial, incluidos el *Gato* de Botero en la Rambla del Raval; la *Cabeza de Barcelona* de Lichtenstein y el *Gambrinus* de Mariscal en el puerto; el resplandeciente *Pez* de Gehry junto al mar; y la *Mujer y el pájaro* en el Parc de Joan Miró *(p. 66)* y el mosaico del Mercat de la Boqueria *(p. 26)* de Miró.

10 Playas

Barcelona cuenta con 10 playas, que se extienden a lo largo de 4,5 km. También hay buenas playas en la cercana Sitges. De Semana Santa a octubre están salpicadas de chiringuitos que venden bebidas y *snacks* y cuentan con socorristas, servicio de alquiler de tumbonas e incluso con una biblioteca playera.

Sitges, con buenas playas de arena dorada

TOP 10
IDEAS PARA AHORRAR

1. Vale la pena preparar un pícnic con deliciosos productos locales y dirigirse a alguno de los parques de Montjuïc (el Parc de Mossèn Cinto, con sus estanques con nenúfares y sus rincones a la sombra, es uno de los mejores) o a las playas para cenar por una mínima parte del precio de un restaurante.

2. Si se van a visitar muchos museos y utilizar el sistema de transporte público, merece la pena la tarjeta Barcelona Card, disponible a partir de 57 € para 72 horas (tiene un 10 % de descuento si se reserva *online*).

3. El Art Ticket, que permite entrar a seis grandes museos por 38 €, es una excelente opción para los amantes de la cultura.

4. Descargar la *app* Too Good to Go, que ofrece a precios reducidos los excedentes de algunos restaurantes y panaderías.

5. Varios teatros y cines ofrecen precios reducidos el Día del espectador, que suele ser lunes, martes o miércoles, o para la primera sesión del día (normalmente alrededor de las 16.00).

6. Los días laborables a mediodía, numerosos restaurantes sirven un *menú del migdia* a buen precio, que incluye dos o tres platos, una copa de vino y, a veces, un café.

7. La mejor opción para desplazarse es la tarjeta T-Casual, válida para diez viajes en las zonas 1 a 6 y para el tren al aeropuerto (no para el metro al aeropuerto).

8. Algunas residencias universitarias, como la Residència Àgora BCN y la Residència Erasmus, ofrecen camas baratas durante las vacaciones de verano.

9. Para encontrar moda a buenos precios, vaya a las tiendas *outlet* del Carrer Girona, cerca de la Gran Vía. Encontrará marcas como Mango, Etxart & Panno y Nice Things.

10. Todos los productos que ofrece el servicio turístico de Barcelona, desde el Bus Turístic hasta las visitas a pie, se venden con descuento (normalmente del 10 %) en su página web.

FESTIVALES Y EVENTOS

1 Carnavales

La semana de Carnaval de Barcelona comienza el Dijous Gras (último jueves antes de Cuaresma) con un desfile por la Rambla. Encabezado por el rey y la reina, culmina con una batalla de confeti. La ciudad playera de Sitges (p. 129) alberga la principal celebración y desfile de carrozas.

2 Llum BCN

En febrero, el festival de luz de Barcelona transforma el Poble Nou, el antiguo barrio de almacenes hoy revitalizado. Los edificios, galerías y plazas se llenan de esculturas de luces, instalaciones y muestras sorprendentes.

3 Día de Sant Jordi

El 23 de abril, festividad de San Jordi (p. 47), es costumbre regalar libros y rosas, que se venden en puestos por toda la ciudad. Los pétalos de las rosas simbolizan la sangre del dragón, mientras que los libros son un homenaje a Cervantes y a Shakespeare, que murieron el 23 de abril de 1616.

4 Castells

Los *castells* son una tradición que data del siglo XVIII. En junio, los expertos *castellers* se suben a hombros unos de otros, para crear castillos humanos –la torre más alta se lleva el premio–. Los *castells* suelen celebrarse en la Plaça Sant Jaume.

5 Llegada del verano

Para celebrar la festividad de San Juan y el comienzo del verano, la noche del 23 de junio los catalanes juegan con fuego, y lo hacen con auténtico entusiasmo. Los fuegos artificiales se suceden durante toda la noche y las hogueras se encienden en las playas y en los pueblos y las ciudades de toda la región.

6 Fiestas LGTBIQ+

Barcelona posee una animada comunidad LGTBIQ+ en torno a la cual han ido surgiendo librerías especializadas, *boutiques* a la última y elegantes discotecas. En junio se celebra el Orgullo (*pridebarcelona.org*), con estupendas carrozas, conciertos y un completo programa de charlas y actividades. El Circuit Festival (*circuitfestival.net/Barcelona*), en agosto, es un animado y muy concurrido encuentro LGTBIQ+ en las playas de Barcelona.

7 Fiestas populares

Barcelona disfruta con las fiestas. En los meses de verano, cada barrio celebra algo. La *festa major* más conocida es la de Gràcia a mediados de agosto, cuando las calles se decoran de forma llamativa y hay conciertos al aire libre. Otras fiestas son las del Poble Sec, en julio, y las de Sants, en agosto, ambas con desfiles tradicionales y *correfocs*.

Un *correfoc* en las Festes de la Mercè

8 Festes de la Mercè
W barcelona.cat/lamerce

Las fiestas principales de Barcelona se prolongan una semana de septiembre en honor a La Mercè, patrona de la ciudad (*p. 47*). Por la noche, el cielo se ilumina con fuegos artificiales, se celebran conciertos y hay desfiles de *gegants* y *capgrossos* (gigantes y cabezudos). Son tradicionales también los *correfocs*, en los que figuras de dragones corren por las calles escupiendo fuego.

9 La gran pantalla
Barcelona celebra en octubre el Festival de Cine de Sitges (*sitgesfilmfestival.com*), el mayor encuentro internacional de películas de fantasía y terror. En verano hay cine al aire libre, como el que ofrece el festival de los Gandules, en el que se exhiben películas de arte y ensayo.

10 Navidad
La temporada de *Nadal* (Navidad) empieza el 1 de diciembre con las ferias de artesanía. En la Fira de Santa Llucia, el mercado navideño más antiguo de Barcelona, se colocan puestos con artesanías en torno a la catedral. El día 5 de enero es la *Cavalcada de Reis*, la espectacular cabalgata de los tres Reyes Magos. En Barcelona, los Reyes llegan por el mar y son recibidos por las autoridades de la ciudad ante la mirada extasiada de los niños.

Los impresionantes *castells* durante una fiesta

TOP 10
MÚSICA, TEATRO Y FESTIVALES

1. Guitar BCN
W guitarbcn.com
Festival internacional de guitarra.

2. Jazz Terrassa
W jazzterrassa.org
Festival de renombre internacional con conciertos de jazz por salas de toda la ciudad de Terrassa.

3. Ciutat Flamenco
W ciutatflamenco.com
Una semana de la mejor música flamenca en el Mercat de les Flors.

4. Primavera Sound
W primaverasound.com
Un festival de música pop, rock y *dance underground* en el que participan grandes artistas y grupos.

5. Festival del Sónar
W sonar.es
Este festival de música electrónica y multimedia es una explosión de lo más nuevo en la producción audiovisual.

6. Grec Festival Barcelona
W barcelona.cat/grec
El mayor festival de música, teatro y danza de Barcelona.

7. Crüilla
W cruillabarcelona.com
Festival de verano en el Parc del Fòrum, con bandas de renombre y talentos emergentes.

8. Alma Festival
W almafestival.com
Actuaciones de rock y pop internacional en el Poble Espanyol (*p. 101*).

9. Festival Llums Antiga
W auditori.cat
Temporada de música antigua que se celebra en las iglesias más antiguas y pintorescas de la ciudad.

10. Festival Internacional de Jazz de Barcelona
W jazz.barcelona
Grandes nombres del jazz y música experimental en directo.

DEPORTES Y ACTIVIDADES AL AIRE LIBRE

1 Fútbol
Vale la pena visitar el Museu del FC Barcelona *(p. 120)*, que recorre la historia del club y exhibe todos los trofeos conseguidos por todas las secciones deportivas, además de otros objetos relacionados con sus equipos y jugadores.

2 Ciclismo
Los barceloneses se han sumado con entusiasmo al ciclismo y la ciudad cuenta con más de 300 km de carriles bici. Se puede alquilar una bicicleta o hacer un recorrido con Steel Donkey Bike Tours *(steeldonkeybiketours.com)*. Si se prefiere la bicicleta de montaña, el Parc de Collserola *(p. 121)* tiene senderos para todos los niveles.

3 Vela
Barcelona es un lugar perfecto para navegar gracias a las tranquilas aguas del Mediterráneo. Se puede conseguir el título de patrón en Base Náutica *(basenautica.org)* o tomárselo con calma y alquilar un yate con patrón a través de Barcelona Boat Tours *(barcelonaboatours.com)*. Merece la pena explorar la reserva marina de Cap de Creus *(p. 131)*.

4 Vóley playa
En la playa pueden verse numerosas redes para jugar al vóley playa, una forma estupenda de tomar el sol. La mayoría están en la playa de Nova Icària y lo mejor de todo es que son gratuitas. Eso sí, hay que llegar pronto, ya que se adjudican por orden de llegada.

5 Senderismo
Hay múltiples senderos en Barcelona. Los mejores están en el Parc de Collserola *(p. 121)*. Están bien señalizados y son ideales para dar un paseo en familia o para un recorrido más exigente. Los más avezados disfrutarán de las cimas de Montserrat *(p. 127)* o de los impresionantes Camins de Ronda que conectan con la Costa Brava *(p. 128)*.

6 Escalada
Barcelona tiene una ubicación excelente para practicar la escalada, dada su cercanía a los Pirineos. Montserrat *(p. 127)* cuenta con excelentes rutas para ir solo o hacer recorridos guiados con Climb In Catalunya *(climbincatalunya.com)*. Dentro de la ciudad, Climbat *(climbat. com)* es un rocódromo en Montjuïc para todos los niveles.

7 Yoga
Los barceloneses han sucumbido al bienestar y la ciudad está llena de

Practicando padelsurf en el Mediterráneo

El FC Barcelona en acción
en el Camp Nou

estudios de yoga que ofrecen todo tipo de yoga, desde Ashtanga a Vinyasa. En alguno de los 15 centros que YogaOne (*yogaone.es*) tiene en la ciudad se puede escoger la opción preferida. Ocean Breath (*oceanbreathbarcelona.com*) ofrece yoga en la playa al amanecer.

8 Tenis y pádel
La popularidad del tenis ha crecido gracias al éxito de los jugadores españoles, a los que se puede ver en abril en el Abierto de Barcelona. Hay muchos clubes donde practicar tenis o pádel, del que hay clubes por toda la ciudad.

9 Correr
Barcelona tiene muchas opciones para correr, ya sea por el frente marítimo, los parques de Montjuïc (*p. 98*) o los senderos arbolados del Park Güell. Los más aventureros pueden tomar el funicular hasta la Carretera de las Aigües para recorrer el sendero que serpentea por el Collserola, con vistas de la ciudad a los pies.

10 Deportes acuáticos
Los deportes acuáticos son muy populares en Barcelona y es posible practicar actividades como el padelsurf (SUP) o el kitesurf. Hay clases de SUP o windsurf para principiantes en Sea You (*seayoubarcelona.com*); los más avanzados pueden tomar olas en Bogatell. Para recorrer la costa Brava en paseos guiados en kayak, se puede consultar con Kayaking Costa Brava (*kayakingcostabrava.com*).

TOP 10
DEPORTISTAS CATALANES

1. Alexia Putellas
Capitana de la selección española de fútbol femenina y del FC Barcelona Femení, ha ganado dos veces el Balón de Oro como mejor jugadora del mundo.

2. Pep Guardiola
A Guardiola, jugador y entrenador del FC Barcelona, se le elogia como uno de los mejores entrenadores de todos los tiempos.

3. Carlos Puyol
El corajudo jugador azulgrana fue un pilar en la defensa del Barça entre 1999 y 2014 y ejerció de capitán durante diez de esos años.

4. Gerard Piqué
Piqué fue un jugador legendario para el Barça y para la selección española y fue el pilar de la defensa junto a Carlos Puyol.

5. Xavi Hernández
Las proezas de Xavi le valieron un tercer puesto en el Balón de Oro y la conquista del Mundial y la Eurocopa.

6. Marc Márquez
El multicampeón Marc Márquez es uno de los pilotos españoles más exitosos de MotoGP.

7. Alex Palou
Dos veces campeón de la IndyCar Series, Palou es el primer piloto español que ganó un campeonato en Estados Unidos con su monoplaza.

8. Pau Gasol
Junto con su hermano Marc, Pau Gasol es uno de los jugadores más célebres de la NBA y también representó a España en los Juegos Olímpicos.

9. Mireia Belmonte
Mireia es una de las principales nadadoras españolas de todos los tiempos, con numerosas medallas de oro olímpicas y campeonatos del mundo.

10. Laia Sanz
Laia es una pionera de las carreras todoterreno. Cuenta con múltiples victorias en el Rally Dakar y ha representado a España en los Seis Días Internacionales de Enduro (ISDE).

RECORRIDOS

La catedral de Barcelona

BARRI GÒTIC Y LA RIBERA

La ciudad empezó como un asentamiento romano llamado Barcino y fue creciendo con los años, hasta llegar a la fiebre constructora de los siglos XIV y XV. El Barri Gòtic es un barrio maravillosamente conservado de edificios góticos, plazas animadas y callejuelas encantadoras, como un recordatorio del apogeo medieval de la ciudad. Al norte del Barri Gòtic se extiende el antiguo *barri* de La Ribera, que ha sido el corazón comercial y artesanal de Barcelona desde la Edad Media.

Para alojamientos en esta zona, ver p. 144

El Palau de la Generalitat, en la Plaça de Sant Jaume

1 Catedral de Barcelona

La imponente catedral de Barcelona (*p. 28*), que data de 1298, se eleva entre los tejados del Barri Gòtic.

2 Museu Picasso

Para descubrir la obra de juventud (*p. 38*) de unos de los artistas más admirados del siglo XX. La muestra va desde los primeros bocetos y retratos familiares a trabajos de sus períodos azul y rosa.

3 Palau de la Música Catalana

El principal auditorio (*p. 40*) de la ciudad es un maravilloso monumento a la música catalana y a la estética modernista.

4 Plaça de Sant Jaume

🚇 M4 🏛 Palau de la Generalitat: 012 🕐 Consultar la página web para visitas guiadas; Ajuntament: 10.00–13.30 todos los 2ᵒˢ y 4ᵒˢ sá y do con visita guiada 🌐 presidencia.gencat.cat 📞

El lugar actualmente ocupado por la Plaça de Sant Jaume fue en su día el centro de la Barcino romana. Teniendo en cuenta estos orígenes, es muy apropiado que la plaza acoja los dos edificios de gobierno más importantes de Barcelona: el Palau de la Generalitat (sede del Gobierno catalán) y el Ajuntament (el ayuntamiento). Hay que fijarse en el bajorrelieve de Sant Jordi, el santo patrón de Cataluña, en la fachada del siglo XV del Palau de la Generalitat. En su interior se encuentra la hermosa Capella de Sant Jordi de 1434 (*p. 47*). Uno de los lugares más destacados del edificio del siglo XV que alberga el Ajuntament es el Saló de Cent, desde donde el Consejo de Ciento, la primera forma de gobierno de Barcelona, dirigió la ciudad de 1372 a 1714. No hay que perderse tampoco, en el Palau de la Generalitat, el Pati dels Tarongers, un patio porticado con naranjos, vigilado por unas interesantes gárgolas. El patio cuenta con un campanario de 1568.

5 Museu d'Història de Barcelona (MUHBA)

N4 Pl del Rei 10.00–19.00 ma-sá, 10.00–20.00 do barcelona.cat/museuhistoria

En la medieval Plaça del Rei *(p. 52)* se encuentra el centro principal del Museu d'Història de Barcelona, con restos que van de la Barcino romana a la Edad Media. Estos incluyen la Casa Padellàs y el Palau Reial, en el que se encuentran la Capella de Santa Àgata *(p. 47)* y el Saló del Tinell, un enorme salón, en el que Fernando e Isabel recibieron a Colón tras su viaje a América de 1492. El museo también tiene una de las mayores excavaciones subterráneas de ruinas romanas que pueden visitarse en Europa *(p. 85)*, incluyendo una fábrica de garo y bodega del siglo III.

6 Plaça Reial

L4

La elegancia del siglo XIX se junta con la animación actual en la porticada Plaça Reial, una de las plazas con más vida de toda la ciudad. Las farolas modernistas fueron diseñadas por Gaudí en 1879 y en su centro se encuentra una fuente de hierro forjado que representa a las tres Gracias. La plaza está rodeada de palmeras y reúne un buen número de restaurantes, bares y cafés, que están muy concurridos.

EL BORN

Para tomar un buen vermut o escuchar jazz alternativo, hay que ir al Born, un barrio medieval que renació hace unas décadas. Se llenó de estudiantes y artistas que se mudaron aquí, atraídos por los alquileres baratos y los amplios espacios disponibles, alimentando así un ambiente artístico, que se ha ido fusionando perfectamente con el encanto antiguo de la zona. El Passeig del Born, lleno de bares y cafeterías, lleva hasta la Plaça Comercial, donde el mercado del Born (en funcionamiento de 1870 a 1970) ha sido transformado en centro cultural y espacio expositivo.

La fuente de las Tres Gracias, en el centro de la Plaça Reial

7 El Call

M4

El Call, cuyo nombre deriva de la palabra hebrea *kahal* (congregación o comunidad), acogió a una de las mayores comunidades judías de España hasta su expulsión en el siglo XV. Pervive el aire medieval e incluso han sobrevivido edificios originales. Se cree que la pequeña sinagoga restaurada del Carrer de Marlet es una de las más antiguas de Europa, se encuentra en el Carrer de Marlet. También hay un centro de interpretación del barrio, que gestiona el museo de historia de la ciudad, y unos baños judíos en el sótano del Café Caelum.

8 Basílica de Santa Maria del Mar

P5 Pl de Santa Maria 1 10.00–20.30 todos los días; visita cultural: 10.00–18.00 lu-sá, 13.30–17.30 do santamariadelmarbarcelona.org

El amplio y espectacular interior de esta iglesia del siglo XIV, diseñada por el arquitecto Berenguer de Montagut, es un ejemplo importante del austero estilo gótico catalán. La iglesia está dedicada a Santa María del Mar, patrona de los navegantes, y cerca de una de las estatuas de la Virgen puede verse colgada una maqueta de un antiguo barco. Conocida como la *iglesia del pueblo* es un lugar muy popular para contraer matrimonio. La terraza, a la que se accede desde las torres, ofrece vistas de la ciudad.

9 Museu Etnològic i de Cultures del Món

P4 C/Montcada 14
10.00–20.00 ma-do (abr-oct: hasta 19.00) barcelona.cat/museu-etnologic-culturesmon

El Museo de las Culturas del Mundo, situado en los palacios Nadal y Marqués de Lió, del siglo XVI, está dedicado a las culturas de Asia, África, América y Oceanía. Entre lo más interesante del museo, destacan las esculturas hindúes, las pinturas japonesas, las cerámicas nazcas, las placas de bronce de Benín y el arte indígena australiano.

10 Museu Frederic Marès

N3 Pl de Sant Iu 5-6
10.00–19.00 ma-sá, 11.00–20.00 do barcelona.catmuseufrederic mares

Este fascinante museo alberga la colección del rico escultor catalán Frederic Marès. El astuto (y obsesivo) Marès no era un mero coleccionista aficionado y logró reunir una colección que haría las delicias de un moderno conservador de museo. La colección incluye numerosos iconos y estatuas religiosas, que van desde la época romana hasta el presente, y el curioso "Museu Sentimental", en el que se expone de todo, desde relojes antiguos hasta abanicos y muñecas. En verano, también vale la pena visitar el Cafè d'Estiu, en el patio del museo.

Esculturas antiguas en el Museu Frederic Marès

BARCELONA ROMANA

Mañana

Empieza en la parada de metro Jaume I. Sube por la Via Laietana hasta la **Plaça de Ramon Berenguer el Gran** (p. 84), donde pueden verse las murallas romanas. Vuelve hacia el metro y gira a la derecha hacia la C/Jaume I para llegar a la **Plaça de Sant Jaume**, donde se ubicaba el foro romano. A mano izquierda se encuentra la C/Ciutat, que se convierte en la C/Regomir: en el n° 3 está el **Pati Llimona**, con un gran tramo de murallas romanas, una de las cuatro puertas de la ciudad y las ruinas de unas termas. En el Pati Llimona hay una buena cafetería y la **Bodega La Palma** (p. 89), con sabrosas tapas.

Tarde

Vuelve a la Plaça de Sant Jaume y crúzala para dirigirte a la C/Paradís, donde está el **Temple d'August,** un sitio perteneciente al MUHBA. Al final de la calle, gira a la derecha hacia la **Plaça del Rei** (p. 52). Tómate algo en **Casa Lolea** (p. 89) antes de visitar el **Museu d'Història de Barcelona** (MUHBA), en el que explorar las ruinas de la Barcino romana. Vuelve a la C/Comtes, que flanquea la **catedral de Barcelona** (p. 28), gira a la derecha y cruza la Plaça Nova hasta la C/Arcs, que conduce a la Avinguda Portal de l'Àngel. Gira a la izquierda en la C/Canuda para dirigirte a la **Plaça de la Vila de Madrid** (p. 53), donde hay varias tumbas romanas.

Y además...

El Pont del Bisbe, uno de los puentes más famosos de la ciudad

1. Carrer del Bisbe
📍 M3
La medieval Carrer del Bisbe está flanqueada por las góticas Cases dels Canonges (Casas de los Canónigos) y por el Palau de la Generalitat (p. 81). Conectando los dos edificios hay un llamativo puente neogótico de piedra, construido en 1928.

2. Carrer de Santa Llúcia
📍 M3
Esta calle medieval guarda la Casa de l'Ardiaca (p. 28), en cuyo interior hay un patio con palmeras y una fuente.

3. Capella de Sant Cristòfol
📍 M4 🏠 C/Regomir 6-8
Dedicada a Sant Cristòfol, patrón de los viajeros, data de 1503 y fue remodelada en la década de 1890. Los conductores traen sus coches a la capilla el día del santo (25 de julio) para que los bendigan.

4. Carrer Montcada
📍 P4
Esta calle del barrio de La Ribera es una sucesión de palacios, algunos de ellos joyas góticas, como el Palau Aguilar del siglo XV, actual sede del Museu Picasso (p. 38), y el Palau Dalmases del siglo XVII, con su capilla, en la que se celebran recitales flamencos.

5. Plaça de Ramon Berenguer el Gran
📍 N3
En esta plaza se encuentra uno de los mayores tramos conservados de la impresionante muralla romana.

6. Moco Museum
📍 P4 🏠 C/Montcada 25 🕐 10.00-20.00 todos los días (hasta 21.00 vi-do) 🌐 mocomuseum.com ⤢
Ubicado en un palacio medieval, Moco cuenta con una pequeña colección de arte callejero y contemporáneo. Cuenta con obras de Yayoi Kusama, Banksy, Damien Hurst, Andy Warhol y Basquiat.

7. Plaça de Sant Felip Neri
📍 M3
La luz se filtra a través de los grandes árboles en este oasis de tranquilidad. En la plaza hay una iglesia del siglo XVIII que sufrió daños durante la guerra civil.

8. Carrer Petritxol
📍 L3
Esta calle medieval está llena de granges y xocolateries (cafeterías y chocolaterías). También está la famosa galería de arte Sala Parés, donde Picasso, Casas y otros artistas catalanes de la época expusieron sus obras.

9. Basílica de Sant Just i Sant Pastor
📍 M4 🏠 Pl de Sant Just s/n 🌐 basilicasantjust.cat
Esta iglesia gótica, finalizada en 1342, tiene esculturas del siglo IX y una pila bautismal visigótica del siglo V.

10. Església de Santa Anna
📍 M2 🏠 C/Santa Anna 29 📞 93 301 35 76
A escasos pasos de la Rambla, se encuentra esta iglesia románica, que tiene un arbolado claustro gótico del siglo XV.

Restos de la Barcino romana

1. MUHBA
Bajo el MUHBA *(p. 82)* se extienden los restos de Barcino, el asentamiento romano que dio origen a Barcelona. Algunas partes están intactas, incluidas calles en las que pueden verse las huellas de los carros y cubas de lavado en las que aún hay tintes.

2. Puerta de entrada a la ciudad
⚐ M3 ⌂ Plaça Nova & Carrer del Bisbe

Las torres que flanquean la entrada a la carrer del Bisbe son los únicos restos que quedan de la entrada a la ciudad romana, la Porta Praetoria, del siglo IV.

3. Acueducto
⚐ M3 ⌂ Plaça Nova y Carrer del Bisbe

Frente a la Porta Praetoria hay un arco que forma parte de un acueducto reconstruido que debió de ser uno de los varios que traían agua a la ciudad. Enfrente se encuentra el poema visual *Barcino,* de Joan Brossa.

4. Via Sepulcral Romana
⚐ M2 ⌂ Plaça Vila de Madrid ⌚ 11.00-14.00 ma, 11.00-15.00 y 16.00-19.00 do ⌨ barcelona.cat/museuhistoria ♿

Los romanos enterraban a los muertos extramuros. En la necrópolis del siglo I se conservan varios sarcófagos, visibles desde la pasarela que hay en la Plaça Vila de Madrid.

5. Portal del Mar y termas
⚐ M4 ⌂ C/Regomir, 7-9 ⌚ Los horarios varían, consultar la página web ⌨ barcelona.cat/museuhistoria/la-porta-de-mar-i-les-termes-portuaries

Los viajeros y productos llegados por mar habían de atravesar esta puerta para entrar en la ciudad. A estos viajeros se les obligaba a bañarse.

6. Foro
⚐ M4 ⌂ Plaça Sant Jaume

Esta plaza era el foro romano y el lugar de encuentro de las principales vías del asentamiento romano: el cardo y el decumano.

7. Templo de Augusto
⚐ M4 ⌂ C/Paradís s/n ⌨ barcelona.cat/museuhistoria

Un callejón que sale de la plaça de Sant Jaume lleva a un espacio con columnas de 9 metros de altura, los únicos restos del que fuera el templo de Augusto, del siglo I a. C.

8. Domus romana
⚐ M4 ⌂ C/Avinyó 15 ⌚ 10.00-14.00 do ⌨ barcelona.cat/museuhistoria ♿

Esta casa romana data de los siglos I y IV y fue descubierta en 2004. Conserva parte de las pinturas y mosaicos de las paredes.

9. Murallas y foso
⚐ N3 ⌂ Plaça de Ramón Berenguer el Gran

Una de las partes mejor conservadas de la muralla romana está coronada por torres que se han incorporado a la Plaça de Ramon Berenguer el Gran *(p. 84)*.

10. Torres defensivas
⚐ E5 ⌂ Plaça Traginers

Esta elevada atalaya circular del siglo IV es una de las 78 construcciones defensivas que eran parte de la muralla romana.

Sarcófagos en la Via Sepulcral Romana

Compras

1. Escribà Confitería i Fleca
L3 ⬚ La Rambla 83
⬚ escriba.es

Espectaculares pasteles e imponentes creaciones de chocolate, amén de una fachada modernista. Se pueden comprar para llevar o degustar *in situ* acompañados de un café.

2. La Manual Alpargatera
M4 ⬚ C/Avinyó 7 ⬚ Do
⬚ lamanual.com

Personalidades notables, como el papa Juan Pablo II, el actor Jack Nicholson o el pintor Salvador Dalí, han comprado alpargatas o sandalias en esta famosa tienda.

3. Colmado
P5 ⬚ C/Brosoli 5 ⬚ Do
⬚ colmadoshop.com

Esta pequeña *boutique* tiene una cuidada selección de prendas y accesorios de marcas distinguidas como Costa, Heinui y Wolf & Moon.

4. Sombrerería Mil
N1 ⬚ C/Fontanella 20
⬚ Do ⬚ sombreriamil.com

Esta centenaria sombrerería ofrece una amplia gama de sombreros, como la tradicional barretina catalana.

Velas hechas a mano en la Cerería Subirà

5. Beatriz Furest
P5 ⬚ C/Esparteria 1
⬚ Do ⬚ beatrizfurest.com

Esta pequeña y elegante tienda vende bonitos bolsos y monederos artesanales creados por la diseñadora barcelonesa Beatriz Furest.

6. Casa Colomina
M3 ⬚ C/Cucurulla 2 ⬚ Do
⬚ casacolomina.es

Vale la pena dejarse tentar por el *torró* (turrón) de Casa Colomina, fundada en 1908. Ofrece una amplia y deliciosa variedad, que incluye turrón de chocolate y mazapanes.

7. Cerería Subirà
N4 ⬚ Baixada Llibreteria 7
⬚ Do ⬚ cereriasubira.cat

Esta es la tienda más antigua de Barcelona, fundada en 1761. Está repleta de todo tipo de velas, algunas de ellas verdaderas obras de arte.

8. Vila Viniteca
N5 ⬚ C/Agullers 7 ⬚ Do
⬚ vilaviniteca.es

Se trata de una de las mejores tiendas de vino de la ciudad y ofrece una gran variedad de vinos y licores. La tienda de al lado vende jamones, quesos y aceite de oliva.

9. Guantería Alonso
M2 ⬚ C/Santa Anna 27 ⬚ Do
⬚ guanteria-alonso.com

Merece la pena visitar esta veterana tienda para admirar sus coloridos abanicos pintados a mano, guantes artesanales, mantillas y mantones con preciosos bordados y peinetas.

10. L'Arca
M3 ⬚ C/Banys Nous 20 ⬚ Lu y do
⬚ larcabarcelona.com

Aquí se encuentran increíbles prendas antiguas, desde corsés de ballenas, chales de seda y blusas de mangas abombadas hasta vestidos de novia antiguos.

Carteles de películas y objetos antiguos en el bar Polaroid

Para charlar y tomar una copa

1. Bar L'Ascensor
🚇 M4 📍 C/Bellafila 3 📞 93 318 53 47
🕐 19.00-1.00 diario

Un antiguo ascensor de madera de tonos oscuros da la bienvenida a este bar de luz tenue, frecuentado por aficionados a los cócteles.

2. Antic Teatre
🚇 N2 📍 C/Verdaguer i Callís 12
🕐 10.00-23.00 lu-mi, 10.00-24.00 ju y vi, 17.00-24.00 sá, 17.00-23.00 do
🌐 anticteatre.com

Este café-bar se ubica en el patio de un pequeño teatro. Las mesas, a la sombra de los árboles, son ideales para tomarse un café o una copa.

3. Milk
🚇 M5 📍 C/Gignàs 21 🕐 Los horarios varían, consultar la página web
🌐 milkbarcelona.com

Decorado como un lujoso salón, con paredes de papel pintado de estilo años 50, Milk sirve *brunches* (9.00-16.30), comidas y cenas, todos los días.

4. Las Cuevas de los Rajahs
🚇 E5 📍 C/d' en Cignas 2
🕐 19.00-3.00 mi-sá
🌐 lascuevasbar.com

Bar de decoración neogótica que ofrece cócteles, cerveza y vino en un espacio que simula una cueva.

5. Glaciar
🚇 L4 📍 Pl Reial 3 📞 93 302 11 63
🕐 10.00-2.00 diario

Merece la pena sentarse en la terraza de este agradable café-bar y disfrutar de cerca de la actividad de la plaza.

6. Polaroid
🚇 M5 📍 C/Còdols 29 🕐 19.00-2.30 diario 🌐 polaroidbar.es

Un bar con una decoración estilo años 80 y música retro. Las bebidas van acompañadas de grandes boles gratuitos de palomitas. Conviene llegar pronto porque atrae a mucha clientela.

7. La Vinya del Senyor
🚇 N5 📍 Pl Santa Maria 5 🕐 Los horarios varían, consultar la página web 🌐 lavinyadelsenyor.es

Los amantes del vino de toda la ciudad vienen hasta aquí para degustar su gran variedad de caldos.

8. Collage Art & Cocktail Social Club
🚇 N5 📍 C/Consellers 4 🕐 19.00-2.30 mi-sá 🌐 collagecoctailbar.com

Este bar sirve cócteles muy originales a buen precio. El salón de arriba acoge exposiciones de pinturas de pequeño tamaño.

9. Paradiso
🚇 F5 📍 C/de Riera Palau 4 🕐 19.00-2.30 diario 🌐 paradiso.cat

A esta coctelería-guarida se llega a través de un bar que sirve bocadillos *gourmet* (hay que pedir entrar). Las bebidas tienen una presentación muy artística.

10. Mudanzas
🚇 P5 📍 C/Vidrieria 15 🕐 18.00-2.00 diario (hasta 3.00 vi y sá)
🌐 barmudanzas.com

Ambiente simpático y relajado en este local con mesas redondas de mármol.

Cafés y comidas ligeras

1. Mescladís
P3 C/Carders 35
mescladis.org
Este café con terraza lo gestiona una ONG que forma a inmigrantes en la cocina. Ofrece café, bebidas y tentempiés en un patio ajardinado.

2. Demasié
P4 C/de la Princesa 28
cookiesdemasie.com
Esta panadería de interior amarillo y bancos para sentarse sirve deliciosas tartas y galletas. Sus zumos recién exprimidos y café prensado en frío la convierten en lugar ideal para una parada.

3. Antic Bocoi
N4 Baixada de Viladecols 4
93 310 50 57
Local agradable que sirve deliciosas y variadas cocas. Ofrece también un menú del día con buena relación calidad-precio.

4. Elsa y Fred
Q2 C/Rec Comtal 11
elsayfred.es
Con sus sillones de piel y sus grandes ventanales, Elsa y Fred es el lugar perfecto para disfrutar de un largo y tranquilo *brunch,* con platos que van de las clásicas patatas bravas al *sushi* de salmón.

5. Tetería Salterio
M4 C/Sant Domenec del Call 4
93 302 50 28 Lu cenas-vi
Excelente té y dulces árabes. No hay que perderse el *sardo,* una especie de pizza de estilo oriental con diversos rellenos.

6. Bistrot Levante
M3 Placeta de Manuel Ribé
bistrotlevante.com
En este elegante establecimiento escondido se puede desayunar *babka* o una tostada de aguacate o comer *kofta* o humus. Tiene terraza.

El Bar del Pla, famoso por sus deliciosas tapas

7. Vera Café
P4 C/d'en Monec 6
63 853 67 02
Esta pequeña cafetería ofrece un excelente café artesanal y bocados veganos, que incluyen *bagels,* ensaladas y tostadas de aguacate.

8. Caelum
M3 C/Palla 8
93 302 69 93
En la parte de arriba de este local venden conservas y otros productos hechos en conventos y monasterios de toda España. En la zona de abajo, se pueden probar estas delicias en el lugar antiguamente ocupado por unos baños del siglo XV.

9. La Granja Pallaresa
L3 C/Petritxol 11
93 302 20 36
Esta *xocolateria* familiar lleva décadas sirviendo rico y espeso chocolate con churros.

10. Bar del Pla
P4 C/Montcada 2
93 268 30 03 Do
Sabrosas tapas españolas con un toque francés. Conviene probar las manitas de cerdo con *foie gras* o las deliciosas croquetas de tinta de calamar.

Restaurantes y bares de tapas

PRECIOS

Una comida de tres platos con media botella de vino (o equivalente), servicio e impuestos incluidos.

....

€ menos de 35 €   €€ 35-50 €   €€€ más de 50 €

1. Flax & Kale Passage

P2 C/Sant Pere mes Alt 31-33
flaxandkale.com · €€

Este lugar, parte de una pequeña cadena de restaurantes que se centran en comida orgánica y saludable (generalmente vegana o vegetariana), está ubicado en un pasaje evocador.

2. Cal Pep

P5 Pl de les Olles 8 Lu comidas, do y últimas tres semanas de ago
calpep.com · €€

Pruebe una gran variedad de tapas, entre ellas el mejor marisco, en este concurrido bar de tapas.

3. Casa Lolea

P2 Carrer de Sant Pere Més Alt 49
casalolea.com · €€

Este tranquilo bar es conocido por su amplia variedad de tapas y su sangría con nombre propio.

4. Casa Delfín

P4 Passeig del Born 36
casadelfinrestaurant.com · €€

Este bonito *bistró* utiliza productos de temporada para preparar unos imaginativos platos y tapas. No se pierda las alcachofas fritas con salsa *romesco*.

5. Llamber

P4 C/Fusina 5
llamber.com · €€

Cocina nacional a base de productos frescos de temporada (incluidas verduras de su propia huerta y gambas rojas del Mediterráneo) en un interior tipo *loft*. Amplia carta de 150 vinos, 30 de los cuales se sirven por copas.

6. Fismuler

Q2 C/Rec Comtal 17
fismuler.com · €€

Este tranquilo restaurante es conocido por su cocina innovadora y exquisitamente presentada de la ciudad. No te pierdas la ensalada de *mozzarella* con puerro y avellanas.

7. Bodega La Palma

M4 Palma de Sant Just 7
Do bodegalapalma.com · €

Situada en una antigua bodega, propone una amplia variedad de tapas, incluidos pimientos del piquillo rellenos.

8. Rasoterra

M4 C/Palau 5 Lu, ma-vi comidas, do cenas, rasoterra.cat · €€

Defensores del movimiento *slow food*, los propietarios de este elegante restaurante de estilo *loft* sirven deliciosos platos vegetarianos y veganos, acompañados de vinos y cervezas ecológicos.

9. El Xampanyet

P4 C/Montcada 22 93 319 70 03 Sá cenas, lu · €

Un bar con un estilo anticuado, popular por su cava y sus tapas.

10. Govinda

M2 Pl Vila de Madrid 4
Do-ju govinda.es · €

Este sencillo restaurante sirve platos vegetarianos indios y deliciosos postres, pero no alcohol.

El espacioso y elegante interior de Rasoterra

EL RAVAL

Aquí, el Museu d'Art Contemporani (MACBA) se levanta junto a destartalados edificios de viviendas, las tiendas asiáticas de alimentación venden especias justo al lado de lo que en su tiempo fueron los burdeles más decadentes de Europa y las galerías de arte comparten calle con viejos bares cargados de humo. Este es un tradicional barrio obrero que está cambiando. Desde la década de 1990, ha vivido un intenso proceso de renovación urbana. Aunque la zona se ha convertido en un imán para los jóvenes y modernos, conserva su autenticidad.

- **1** Imprescindible
  p. 91
- (1) Dónde comer
  p. 97
- (1) Tiendas *vintage* y
  de segunda mano
  p. 95
- (1) Galerías de arte y
  tiendas de diseño
  p. 94
- (1) Bares
  p. 96

Para alojamientos en esta zona, ver p. 144

La fachada del Museu d'Art Contemporani

1 Museu d'Art Contemporani (MACBA)

Edificio acristalado diseñado por el arquitecto estadounidense Richard Meier, en su interior se expone una selección de obras de grandes artistas españoles e internacionales *(p. 42)*. En las exposiciones temporales pueden verse desde obras que utilizan técnicas mixtas hasta esculturas y fotografías. Enfrente se levanta el Convent dels Àngels, edificio gótico del siglo XVI construido por Bartomeu Roig para las hermanas terciarias dominicas. Actualmente es utilizado por el espacio Capella MACBA para exposiciones temporales, pero hay planes a largo plazo para ampliar las galerías y exponer aquí parte de la colección del MACBA.

2 Centre de Cultura Contemporània (CCCB)

Situado en la Casa de la Caritat, del siglo XVIII, el CCCB es clave en la escena artística contemporánea de la ciudad *(p. 42)*. Acoge innovadoras exposiciones artísticas, festivales de literatura, proyecciones de películas y conferencias. El patio medieval contrasta con una pared inclinada de cristal, ingeniosamente diseñada para reflejar los edificios de la ciudad.

3 Museu Marítim

🚇 K6 🏛 Av de les Drassanes 🕐 10.00-20.00 diario (última admisión: 1 h antes del cierre) 🌐 mmb.cat 🔗 🔗

El legado marítimo de Barcelona cobra vida en este museo, situado en un antiguo astillero gótico restaurado. Admire los arcos góticos, bajo los que antigua-

mente se construían las naves reales, y la reproducción a tamaño natural de la Galera Real, buque de guerra insignia del siglo XVI. También puede descubrir la *Santa Eulàlia (p. 106)*, goleta de 1918 amarrada en el Moll de la Fusta, y navegar en ella por la zona cercana a la costa (consultar la web para horarios y reservas).

4 Palau Güell

🚇 L4 🏛 C/Nou de la Rambla 3-5 🕐 10.00-20.00 ma-do (nov-mar: hasta 17.30; última entrada: 1 h antes del cierre) 🌐 palauguell.cat 🔗

En 1886, el conde Güell pidió a Gaudí que le construyera una mansión distinta de las de sus vecinos. El resultado es el Palau Güell, uno de los primeros encargos de Gaudí. El interior es más oscuro y menos lúdico que el de sus obras posteriores, pero las vidrieras y ventanales aprovechan al máximo la luz. Las estancias están dispuestas en torno a un enorme salón central, coronado por un techo abovedado. La encantadora azotea ya se asemeja a La Pedrera.

La rica decoración del salón principal del Palau Güell

5 Avinguda Paral·lel
⚲ B3–D5

Esta larga avenida albergó los teatros y cabarets más animados de la ciudad a principios del siglo XX y, a pesar de que sufrió graves bombardeos durante la Guerra Civil, sigue siendo el corazón teatral de Barcelona. Perduran algunos teatros de antes de la guerra, como la sala El Molino, que data de 1898 y ahora es club de jazz (elmolinobarcelona.com), y el centenario Teatro Arnau. Hay planes para restaurar este último y convertirlo en un centro cultural.

6 Carrers dels Tallers y de la Riera Baixa
⚲ L1 y K3

Si se busca un estilo retro o una prenda única, en las calles Tallers y Riera Baixa, en el corazón del Raval, hay varias tiendas de música y de ropa *vintage* que venden de todo, desde vinilos y discos compactos modernos hasta originales camisetas hawaianas. Muchas tiendas calculan el precio por el peso de las prendas. Los sábados, la calle de la Riera Baixa tiene su propio mercado (abierto 11.00-21.00) y las tiendas exponen sus productos en la calle.

7 La Rambla del Raval
⚲ K4

Este paseo peatonal, bordeado de palmeras, empezó como un intento de los urbanistas de la ciudad por crear un entorno similar al de la famosa Rambla (p. 26). Destacan el llamativo y cónico Hotel Barceló, con su terraza panorámica, y la elegante Filmoteca, un archivo cinematográfico que dispone de restaurante y cine. A mitad de la calle, el enorme y regordete *Gato* de bronce de Botero normalmente tiene encima a varios niños del barrio que juegan a trepar por él.

8 Filmoteca
⚲ K4 📍 Pl de Salvador Seguí 1-9
🆆 filmoteca.cat

La Filmoteca –el archivo cinematográfico catalán– ocupa un enorme edificio contemporáneo, situado muy cerca de la Rambla del Raval, y ha jugado un papel muy importante en el actual proceso de regeneración del barrio. Tiene dos salas de proyección y ofrece un programa variado, que incluye ciclos de películas dedicados a los mejores directores de todo el mundo, documentales, muchas obras catalanas y eventos especiales para los niños. Es muy popular, entre otras cosas porque sus precios son muy asequibles. También dispone de una cafetería, una biblioteca, un centro de documentación y una muy solicitada terraza. El primer domingo del mes, en la plaza de delante, se organiza un rastrillo.

La entrada del Antic Hospital
de la Santa Creu

9 Antic Hospital de la Santa Creu

K3 Entradas por C/Carme
y C/Hospital 56 Patio: 9.00-20.00
todos los días

Este complejo hospitalario gótico,
que actualmente alberga la Biblioteca
Nacional y varios organismos
culturales, se remonta a 1401 y es un
recordatorio del pasado medieval del
barrio. Vale la pena pasear por su
jardín, rodeado de columnas góticas,
pero para entrar en la biblioteca se
necesita el carnet de lector. La capilla
se ha transformado en un maravilloso
espacio dedicado al arte
contemporáneo.

10 Església de Sant Pau del Camp

J4 C/Sant Pau 101 10.00-18.00
lu-sá tickets.esglesia.barcelona

Escondida en el corazón del Raval se
encuentra esta iglesia románica, una
de las más antiguas de Barcelona.
Fundada originalmente como
monasterio benedictino en el siglo IX y
reconstruida con posterioridad, esta
antigua iglesia atesora un claustro del
siglo XII con bellos capiteles y arcos
polilobulados.

La Rambla del Raval,
una zona peatonal arbolada

UN PASEO POR EL RAVAL

Mañana

Elige una exposición que te atraiga en
el **MACBA** o en el **CCCB** (p. 42), las dos
instituciones de arte y cultura
contemporáneos más importantes de
la ciudad, que se encuentran al lado
una de la otra. Mira a los
monopatinadores de la **Plaça dels
Àngels** o relájate en la cafetería que da
al patio. Baja por la C/Joaquín Costa
hacia la **Rambla del Raval,** donde
pasear bajo las palmeras y admirar el
Gato de Fernando Botero. La Rambla
está llena de bares y restaurantes:
escoge uno para comer o dirígete al
café de la **Filmoteca,** que se encuentra
muy cerca de la Rambla.

Tarde

En la parte más baja de la Rambla,
gira a la derecha en la C/Sant Pau,
hacia la iglesia románica de **Sant Pau
del Camp.** Admira la sencillez de la
iglesia y su diminuto claustro con
columnas esculpidas. Luego, regresa
por la C/Sant Pau, tuerce a la derecha
al llegar a la Rambla y luego a la
izquierda en la C/Nou de la Rambla.
En el nº 3 se encuentra el magnífico
Palau Güell (p. 91) de Gaudí, una
extravagante mansión, que fue uno
de los primeros encargos de los Güell.
Ha sido maravillosamente restaurado
y cuenta con unos lujosos salones y
una azotea abierta a los visitantes.
Empieza la noche tomando una
absenta en uno de los bares
más antiguos de Barcelona, el
Marsella (p. 96) y acércate luego al
Bar Muy Buenas (p. 96), que tiene
decoración modernista.

Galerías de arte y tiendas de diseño

1. Galeria dels Àngels
L2 · C/Pintor Fortuny 27
10.30-19.00 lu-vi
angelsbarcelona.com

Artistas emergentes y de reconocido prestigio exponen en esta galería de vanguardia consagrada a la pintura, la fotografía y la escultura.

2. Miscelanea
L2 · C/Dr Dou 16 · 11.00-20.30 lú-sá · miscelanea.info

Miscelanea es un proyecto artístico ubicado en un espacio multifuncional con una galería para exposiciones de obras de artistas emergentes, una tienda de objetos de diseño y una cafetería.

3. Siesta
K2 · C/Ferlandina 18
11.00-14.00 y 17.00-20.30 lu-vi
siestaweb.com

Mitad tienda, mitad galería de arte, este establecimiento vende cerámica, joyas y vidrios artísticos únicos. También organiza exposiciones temporales.

4. MACBA Store Laie
K2 · Plaça dels Àngels 1
10.00-20.00 mi-lu (hasta 15.00 do)
macba.cat

La librería de este museo tiene objetos de papelería, artículos para el hogar, juguetes, juegos y libros de arte.

5. Grey Street
K2 · C/Peu de la Creu 25
11.00-15.00 y 16.00-20.00 lu-sá
greystreetbarcelona.com

Esta tienda vende una selección de regalos y artesanía básicamente local, que incluye desde artículos de papelería hasta joyas y bolsos.

6. HeyShop
L2 · C/Dr Dou 4 · 11.00-19.00 lu-vi, 11.00-20.00 sá · heyshop.es

Este estudio de diseño e ilustración vende impresiones, cuadernos, camisetas y más.

7. Imanol Ossa
K2 · C/Peu de la Creu 24
Los horarios varían, consultar la página web · imanolossa.com

En este estudio, llevado por un joven diseñador, se pueden encontrar lámparas, joyas y móviles originales, hechos con todo tipo de tesoros reaprovechados. Consultar los horarios.

8. Fantastik
K1 · C/Joaquín Costa 62
11.00-14.00 y 16.00-20.00 lu-sá
fantastik.es

Esta tienda ofrece una colorida gama de artículos de todo el mundo, incluidas telas mexicanas y alfombras de la India, a precios asequibles.

9. La Capella
K3 · C/Hospital 56 · Los horarios varían, consultar la página web
lacapella.barcelona

La capilla gótica del Antic Hospital de la Santa Creu *(p. 93)* es una galería de arte gestionada por la ciudad y dedicada a artistas emergentes.

10. Ceràmica Mariano Leal
K4 · C/Nou de la Rambla 22
93 412 71 80

Entre el colorido revoltijo de cerámica que ofrece esta tienda hay jarras tradicionales, platos, tazas y mucho más.

El exterior austero de la gótica galería de arte La Capella

Tiendas *vintage* y de segunda mano

Buscando entre prendas de segunda mano en Holala Tallers

1. Holala Tallers
L1 C/Tallers 73 93 302 05 93
11.00–21.00 lu–sá, 12.00–15.30 y
16.30–20.00 do
Tienda *vintage* de tres plantas que vende
de todo, desde kimonos originales de
seda hasta pantalones militares y
coloridos trajes de baño de los años 50.

2. Flamingos
K2 C/de Ferlandina 20
12.00–20.00 lu–sá
flamingosvintagehilo.com
Esta fabulosa tienda *vintage*, que también
vende carteles y objetos antiguos, funciona a peso: se paga por kilo, dependiendo
de la categoría de ropa elegida.

3. Fusta'm
K1 C/Joaquín Costa 62 11.00–
14.00 y 16.00–20.00 lu–vi fustam.cat
En este establecimiento hay muebles,
lámparas y objetos decorativos de
segunda mano procedentes de todo el
mundo y de las décadas de 1950, 1960
y 1970, todos ellos perfectamente
restaurados en su propio taller.

4. Revólver Records
L2 C/Tallers 11 93 412 73 58
10.00–21.00 lu–sá
La especialidad de esta tienda es el
rock clásico. Los carteles de las paredes

están dedicados a los Rolling Stones
y Jimi Hendrix. En una planta se
encuentran los CD y en la otra los
vinilos.

5. Wilde Sunglasses Store
K2 C/Joaquín Costa 2
13.00–20.30 lu–sá
Esta tienda de luz tenue está repleta
de gafas de sol de aire retro.

6. Holala Plaça
E3 Pl Castella 2 93 302 05 93
11.00–21.00 lu–sá
Una tienda enorme que vende ropa de
segunda mano, muebles y baratijas.

7. La Principal Retro & Co
K2 C/Ferlandina 37 60 726 57
57 12.00–15.00 y 16.00–20.00 lu–sá
Ubicada en una antigua lechería, esta
elegante tienda vende una amplia
variedad de camisetas *vintage*.

8. Soul BCN
L1 C/Tallers 15 93 481 32 94
11.00–20.30 lu–sá
Una tienda de estilo retro que vende
vestidos de los años 50, gafas de sol,
tops con los hombros al aire y muchas
más cosas.

9. Discos Tesla
L2 C/Tallers 3 664 095 091
9.30–21.00 lu–sá
Esta tienda de discos y CD está
especializada en la música alternativa
de las últimas décadas. Los clientes
pueden tararear un pequeño
fragmento de una canción y el
propietario la busca.

10. Lullaby
K3 C/Riera Baixa 22
93 443 08 02
Pequeña y peculiar *boutique* que
vende todo tipo de tesoros, desde
vestidos vaporosos a ropa deportiva
vintage, además de fabulosas joyas
y bolsos.

Bares

1. Bar Almirall
K2 C/Joaquín Costa 33
933 18 99 17 18.30-1.30 diario
(hasta 2.30 vi y sá)

Uno de los bares más antiguos de la ciudad, fundado en 1860, conserva numerosos detalles originales y ofrece una música ecléctica y unos cócteles potentes.

2. Número Tres
L2 C/Sitges 3 658 083 520
19.00-1.00 ma-ju y do, 19.00-2.00 vi y sá

Este pequeño y elegante local merece una visita por sus deliciosos cócteles y su ambiente relajado.

3. La Confitería
J4 C/Sant Pau 2 Los horarios varían, consultar la página web
grupconfiteria.com/grup/la-confiteria

Ubicada en una antigua confitería, este bar tiene decoración modernista y ofrece buenos cócteles y tapas.

4. Marsella
K4 C/Sant Pau 65 34 934 42 72 63 17.00-24.00 diario (hasta 1.30 vi y sá)

Este bar modernista de iluminación tenue sirve cócteles a la clientela habitual y a los visitantes ocasionales.

5. Two Shmucks
K2 C/Joaquín Costa 52
674 480 073

Este animado bar de barrio está entre los 50 mejores bares del mundo. Cada noche tiene un tema diferente y la imaginativa carta de cócteles cambia con regularidad.

6. Negroni
K1 C/Joaquín Costa 46
19.00-2.30 diario (hasta 3.00 vi y sá) negronicochtailbar.com

Los barman de este popular local preparan cócteles adaptados al gusto de cada cliente.

La decoración modernista del Bar Muy Buenas

7. Bar Kasparo
L2 Pl Vicenç Martorell 4
933 02 20 72 9.00-23.00 diario

Este agradable bar lleno de familias durante el día se transforma por la noche en un local perfecto para tomarse una copa.

8. Boadas Cocktail Bar
L2 C/Tallers 1 93 318 95 92
12.00-1.30 ma-sá

Esta agradable coctelería, fundada en 1933, sigue preparando los mejores martinis de la ciudad.

9. Bar Palosanto
K4 Rambla de Raval 26
6.00-23.30 mi-do
palosantotapasbar.com

Original café-bar con una pequeña terraza; es ideal para picar algo o tomar un almuerzo ligero.

10. Bar Muy Buenas
K2 C/del Carme 63 Los horarios varían, consultar la página web
muybuenas.cat

Este bar de la época modernista se fundó en 1928 y está ubicado en un edificio que data de 1896. Sirve cócteles, licores y más de 30 vinos catalanes. Conviene combinarlos con sus buenas tapas y clásicos catalanes.

Dónde comer

1. Caravelle

📍L2 🏠C/Pintor Fortuny 31 🕐Cenas
🌐caravellebcn.com · €

Este establecimiento situado cerca del MACBA (*p. 42*) se ha convertido en un lugar muy popular para degustar un *brunch* los fines de semana y hacer largas pausas para tomar un café. La carta cambia con frecuencia, pero es probable que incluya deliciosos huevos rancheros y platos vegetarianos.

2. Superclássic

📍L3 🏠C/Floristes de la Rambla 14
📞93 321 23 75 🕐Lu · €

Este lugar ofrece una mezcla de tapas clásicas y otras más creativas, que incluyen opciones vegetarianas y veganas. Tiene terraza con vistas a la plaza.

3. La Esquina

📍L1 🏠C/Bergara 2 🌐laesquina
barcelona.com · €

Espacioso café con un *brunch* que se sirve durante todo el día y platos ligeros como tacos de costillar de cerdo y ensalada César.

4. Bacaro

📍L3 🏠C/Jerusalém 6 🕐Do
🌐bacarobarcelona.com · €€

Detrás del Mercat de la Boqueria, este pequeño y agradable italiano sirve modernos platos venecianos.

5. Biocenter

📍L2 🏠C/Pintor Fortuny 25
🌐restaurantebiocenter.es · €

Restaurante vegetariano con productos ecológicos. Con una amplia variedad de platos, los martes se centran en especialidades veganas.

6. A Tu Bola

📍K3 🏠C/de Hospital 78
📞93 315 32 44 🕐Sá y do · €€

A Tu Bola es conocido por sus albóndigas de pescado, carne y verduras servidas con pan y salsas.

PRECIOS
Una comida de tres platos con media botella de vino (o equivalente), servicio e impuestos incluidos.
....
€ menos de 35 € €€ 35-50 € €€€ más de 50 €

7. Teresa Carles

📍L1 🏠C/Jovellanos 2 🌐teresa
carles.com · €

Buque insignia de una pequeña cadena de restaurantes de comida sana, ofrece platos vegetarianos imaginativos, como crepes con alcachofas y queso *brie*.

8. Cera 23

📍J3 🏠C/Cera 23 🕐Los horarios varían, consultar la página web
🌐cera23.com · €€

El elegante restaurante Cera 23 sirve platos clásicos gallegos con un toque contemporáneo.

9. El Quim de la Boqueria

📍L3 🏠Local 606, La Rambla 93 🕐Los horarios varían, consultar la página web 🌐elquimdelaboqueria.com · €

Uno de los mejores de la Boqueria, sirve clásicos catalanes con personalidad.

10. L'Havana

📍K2 🏠C/Lleó 1 🕐Lu
🌐restauranthavana.cat · €€

Excelente cocina catalana. Pruebe el pescado fresco del día o las manitas de cerdo. Tiene un buen menú del día.

Uno de los platos vegetarianos
de Teresa Carles

MONTJUÏC

Este gran parque, cuyo nombre significa "montaña judía", debido al importante cementerio judío que hubo aquí en la Edad Media, se creó con motivo de la Exposición Internacional de 1929, al mismo tiempo que se construían el Palau Nacional y el Pabellón Mies van der Rohe. Su lado norte se llenó de edificios y la Avinguda de la Reina María Cristina lleva hasta la base de la colina desde la Plaça d'Espanya. Sin embargo, poco tiempo después, la zona cayó en desuso y se convirtió en sinónimo de decadencia. La sombría presencia del Castell de Montjuïc, durante años ocupado por los pelotones de fusilamiento franquistas, hace que sea casi un milagro que en la actualidad la zona se haya convertido en una de las grandes atracciones de la ciudad.

El área fue la sede principal de los Juegos Olímpicos de 1992 y para ello se transformó en un hermoso oasis verde, con fabulosos museos e instalaciones deportivas, conectados por escaleras mecánicas al aire libre y entrelazados por tranquilos y frondosos jardines.

Imprescindible
p. 99

Restaurantes, cafés y bares
p. 103

Parques y jardines
p. 102

Para alojamientos en esta zona, ver p. 145

El Palau Nacional y la Font Màgica iluminados al anochecer

1 Palau Nacional y Museu Nacional d'Art de Catalunya

El Palau Nacional es la sede del Museu Nacional d'Art de Catalunya *(p. 30)*, donde se exponen las colecciones históricas de arte de Cataluña. El museo alberga una de las mejores colecciones de arte románico de Europa, que incluye una serie de frescos del siglo XII, rescatados de las iglesias catalanas de los Pirineos y minuciosamente agrupados en una sucesión de destacadas galerías.

2 Fundació Joan Miró

Joan Miró (1893-1983), uno de los pintores y escultores catalanes más aclamados, donó muchas de las 14.000 obras que atesora el museo *(p. 36)*. Ocupa un edificio sencillo de color blanco, diseñado por el arquitecto Josep Lluís Sert, que era amigo del artista, y alberga la colección más completa de obras del artista.

3 Font Màgica

🚇 B4 🅿 Pl Carles Buigas 1 (junto a Av Reina Maria Cristina) 🕐 Espectáculos: abr, may y primeras dos semanas de oct 🌐 barcelona.cat/ca/que-pots-fer-a-bcn/font-magica

Debajo de las muchas cascadas y fuentes que bajan desde el Palau Nacional se encuentra la Fuente Mágica, diseñada por Carles Buigas para la Exposición Internacional de 1929. Cuando cae la noche, los innumerables chorros de agua escenifican un fascinante espectáculo coreografiado, acompañado de luz y sonido. Cuando el agua se junta en un solo chorro, puede alcanzar los 15 m de altura. El espectacular final a menudo va acompañado del himno de Barcelona, interpretado por Freddie Mercury y la soprano Montserrat Caballé, mientras el agua pasa del color rosa al verde para volver de nuevo al blanco. Las cuatro columnas situadas detrás de la fuente representan la bandera catalana. Las restricciones por la sequía pueden afectar a las exhibiciones en la Font Mágica.

4 Castell de Montjuïc

🚇 B6 🅿 Carretera de Montjuïc 66 🕐 10.00-18.00 todos los días (abr-oct: hasta 20.00) 🌐 ajuntament.barcelona.cat/castelldemontjuic 🔗

Este sombrío castillo, que domina la colina de Montjuïc, fue durante mucho tiempo una cárcel y un centro de tortura de presos políticos. Al final de la Guerra Civil, 4.000 nacionalistas catalanes y republicanos fueron fusilados en el cercano Fossar de la Pedrera. El museo relata la historia de Montjuïc y su papel en la Guerra Civil. Los visitantes pueden subir a los bastiones del castillo para admirar las vistas del puerto.

5 Teatre Grec

🅟 C4 🄰 Pg Santa Madrona
🕐 10.00–anochecer diario
🔵 barcelona.cat/grec 🔷

Este hermoso anfiteatro a los pies de Montjuïc fue una cantera. Su diseño se inspiró en las ideas clásicas del llamado Novecentismo. Este movimiento arquitectónico catalán de principios del siglo XX fue una reacción al estilo sobrecargado del modernismo. Con su verde y frondoso telón de fondo y sus hermosos jardines, hay pocos lugares con más encanto para dar un paseo o comer en su lujoso restaurante. El Festival Grec (p. 75) tiene lugar en verano.

6 Estadi Olímpic

🅟 B5 🄰 Av de l'Estadi 60
🕐 Museo: 10.00–18.00 ma–sá, 10.00–14.30 do (abr–sep: hasta 19.30)
🔵 estadiolimpic.barcelona 🔷

El estadio se construyó por primera vez para las Olimpiadas Populares de 1936, que se cancelaron debido al inicio de la Guerra Civil Española (p. 11). La fachada neoclásica original sigue en pie, pero el resto del estadio se reconstruyó para los Juegos Olímpicos de 1992 (p. 11). El cercano e interactivo Museu Olímpic i de l'Esport está dedicado a todas las facetas del deporte. El estadio puede verse también desde las plantas superiores.

7 Pavelló Mies van der Rohe

🅟 B4 🄰 Av Francesc Ferrer i Guàrdia 7 🕐 10.00–20.00 todos los días (nov–feb: hasta 18.00)
🔵 miesbcn.com 🔷

Probablemente se preguntará qué hace este pabellón cuadrado de piedra, mármol, ónix y cristal en medio de la arquitectura monumental de Montjuïc. Esta joya arquitectónica fue la contribución de Alemania a la Exposición Internacional de 1929. Construido por Ludwig Mies van der Rohe (1886-1969), el pabellón racionalista fue derruido poco tiempo después de la Exposición y no se reconstruyó hasta 1986. En su interior, la escultura *Mañana* de Georg Kolbe (1877-1947) se refleja en un pequeño estanque.

8 Palau Sant Jordi

🅟 A4 🄰 Pg Olímpic 5-7
🕐 Para partidos y actuaciones, consultar la página web
🔵 palausantjordi.barcelona

Este pabellón deportivo cubierto y espacio multifuncional de acero y cristal, diseñado por el arquitecto japonés Arata Isozaki, fue la estrella principal de las instalaciones creadas para los Juegos Olímpicos. Puede acoger a unas 17.000 personas y es la cancha del equipo de baloncesto de la ciudad. La esplanada, un bosque surrealista de pilares de cemento y metal, fue diseñada por Aiko Isozaki, la esposa de Arata. Más abajo en la colina se encuentran las piscinas olímpicas interiores y exteriores Bernat Picornell, ambas abiertas al público.

9 CaixaForum

🅟 B3 🄰 Av Francesc Ferrer i Guàrdia 6-8 🕐 10.00–20.00 todos los días 🔵 caixaforum.org 🔷

La impresionante colección de arte contemporáneo de la Fundació

El Teatre Grec, un anfiteatro al aire libre

La Caixa se expone en una antigua fábrica textil construida en 1911 por el arquitecto modernista catalán Puig i Cadafalch. Restaurada y abierta como galería en 2002, reúne casi 800 obras de artistas españoles y extranjeros, que se muestran de manera rotatoria, junto con exposiciones internacionales temporales. La azotea tiene excepcionales vistas.

10 Poble Espanyol

A3 **Av Francesc Ferrer i Guàrdia** 10.00-20.00 lu, 10.00-24.00 ma-ju y do, 9.00-15.00 vi, 9.00-16.00 sá **poble-espanyol.com**

Este pueblo español presenta famosos edificios y calles de toda España, reproducidos a escala real. Se ha convertido en un centro dedicado a la artesanía, con un impresionante taller de sopladores de vidrio y muchas tiendas de artesanía. Los restaurantes y cafeterías han hecho de este lugar uno de los más populares para visitar en la ciudad.

Fotogénico callejón con arcos del Poble Espanyol

UN DÍA EN MONTJUÏC

Mañana

Para llegar a la **Fundació Joan Miró** (p. 36) antes que la multitud y ahorrando energías, coge el funicular en la estación de metro Paral·lel. Desde el funicular al museo hay un pequeño paseo. Para admirar la colección de pinturas, bosquejos y esculturas de Miró se necesita una hora y media. Una vez saciado el apetito de arte contemporáneo, reponga energías con un *cafè amb llet* en el restaurante y luego volver a recorrer en sentido contrario la Av. de Miramar para tomar el funicular hasta el **Castell de Montjuïc** (p. 99). Recorre los jardines del castillo y contempla la ciudad y los muelles. Vuelve a la Av. de Miramar en el teleférico y regresa a la Fundació para comer algo en la cafetería (hay muchas opciones para comer en Montjuïc) o disfruta de un menú del día en el restaurante del **Palau Nacional** (p. 99).

Tarde

Después de comer, vale la pena admirar la extraordinaria colección de arte románico del **MNAC** (p. 30). Al salir, gira a la derecha y sigue las indicaciones hasta el complejo olímpico. Echa un vistazo al **Estadi Olímpic** y al **Palau Sant Jordi**, con su cúpula plateada. Pasa las últimas horas de la tarde refrescándote con un chapuzón en la fantástica piscina al aire libre del cercano complejo Bernat Picornell. Desde aquí solo hay un pequeño paseo hasta el **Poble Espanyol**, donde puedes sentarte en la terraza de un bar de la Plaça Major.

Parques y jardines

1. Jardins Mossèn Costa i Llobera
◩ C5 ⌂ C/de Miramar 38
⌚ 10.00-anochecer diario

Se trata de unos de los jardines más importantes de Europa de cactus y plantas suculentas. Son especialmente espectaculares cuando se pone el sol y emergen unas formas y unas sombras surrealistas.

2. Jardí Botànic
◩ A5 ⌂ C/Dr Font i Quer 2 ⌚ 10.00-20.00 diario (oct-mar: hasta 17.00)
🌐 museuciencies.cat ↗

El jardín botánico de Barcelona se encuentra entre los estadios utilizados para los Juegos Olímpicos de 1992. Data de 1999 e incluye cientos de especies típicas de la flora mediterránea. No se pierda el Jardí Botànic Històric que se encuentra cerca.

3. Jardins Mossèn Cinto Verdaguer
◩ C5 ⌂ Av Miramar 30
⌚ 10.00-anochecer diario

La mejor época para visitar estos elegantes jardines es la primavera, cuando las plantas florecen y los colores y los olores están en su plenitud.

4. Jardins del Castell
◩ B5 ⌂ C/de Montjuïc 66

Los cañones repartidos entre los rosales que recorren los muros del foso lleno de flores son los atractivos más destacados de estos jardines que rodean el castillo.

5. Jardins del Teatre Grec
◩ C4 ⌂ Pg Santa Madrona 38

Este oasis, que envuelve al anfiteatro Grec, recuerda a los Jardines Colgantes de Babilonia y recibe el nombre oficial de La Rosaleda.

6. Jardins de Miramar
◩ D5 ⌂ C/Dr Font i Quer 2

Frente al mirador de Miramar se encuentran estos jardines, que están recorridos por escaleras que llevan a bonitas y frondosas arboledas y que proporcionan unas grandes vistas de la ciudad y la zona del puerto.

Los Jardins de Joan Brossa, llamados así por el poeta catalán

7. Jardins Laribal
◩ B4 ⌂ Pg Santa Madrona 2
⌚ 10.00-anochecer diario

Este parque, situado a distintos niveles, esconde una casa modernista del arquitecto Puig i Cadafalch y la Font del Gat, una fuente que ha inspirado numerosas canciones locales.

8. Jardins de Joan Maragall
◩ B4 ⌂ Av Estadi 69 ⌚ 10.00-15.00 sá y do

Una avenida bordeada de esculturas de Frederic Marès y Ernest Maragall es la principal atracción de los Jardins de Joan Maragall, donde también se encuentran los últimos azufaifos de la ciudad.

9. Jardins de Joan Brossa
◩ C5 ⌂ Pl de Dante 9999
⌚ 10.00-anochecer diario

La variedad de arbustos y árboles de los Jardins de Joan Brossa es fascinante. Estos jardines, mezcla de jardín urbano y parque forestal, alcanzan su esplendor en primavera, pero son populares todo el año gracias a los instrumentos musicales, las estructuras para trepar y un murciélago.

10. El mirador del Llobregat
◩ A3

Se trata de un mirador con unos pequeños jardines cercanos y es el único lugar de la ciudad desde el que se puede contemplar la llanura del Llobregat, que se extiende al sur.

Restaurantes, cafés y bares

PRECIOS

Una comida de tres platos con media botella de vino (o equivalente), servicio e impuestos incluidos.

€ menos de 35 € €€ 35-50 € €€€ más de 50 €

1. Malabida

◉ C4 ◉ C/Blai 63 ◉ 93 175 81 79 ◉ Lu y ma · €

Este acogedor local sirve tapas sencillas y sabrosos bocadillos, además de queso y embutidos.

2. Mano Rota

◉ C4 ◉ C/Creu dels Molers 4 ◉ 20.00-23.00 diario ◉ manorotabcn.com · €€€

Platos de temporada en este elegante restaurante que fusiona las cocinas catalana, japonesa y peruana.

3. El Sortidor

◉ C4 ◉ Pl del Sortidor 5 ◉ 690 765 721 ◉ Lu-mi · €

El Sortidor, que luce unas puertas con vidrieras y unos suelos de baldosas originales de 1908, sirve apetitosas comidas en un entorno romántico.

4. Alapar

◉ C4 ◉ C/Lleida 5 ◉ Lu-mi ◉ alaparbcn.com · €€

A este sitio se viene por sus innovadores platos, fusión de cocina mediterránea y japonesa.

5. Mescladís Lliure Montjuïc

◉ B4 ◉ Pg Santa Madrona 40-46 ◉ 658 433 031 ◉ Los horarios varían, llamar antes · €

La cafetería del Teatro Lliure sirve variedad de comidas ligeras y aperitivos. Por la noche, su elegante restaurante ofrece una refinada selección de cocina catalana.

6. La Caseta del Migdia

◉ B6 ◉ Mirador del Migdia ◉ Los horarios varían, consultar la página web ◉ lacaseta.org · €

La Caseta del Middia es una espaciosa terraza en lo alto de Montjuïc donde se puede tomar algo y disfrutar de la brisa y las vistas. Desde el bar se ve una de las mejores puestas de sol de la ciudad.

7. La Federica

◉ D4 ◉ C/de Salvà 3 ◉ 93 600 59 01 ◉ Lu y ma · €

Este bar, de estilo *vintage*, sirve *brunch*, además de imaginativas tapas, perfectas para acompañar su buena variedad de cócteles.

8. Bar Calders

◉ C4 ◉ C/Parlament 25 ◉ 93 329 93 49 ◉ Lu-ju comidas, do · €

Para quienes adoran las terrazas, esta es ideal para relajarse tomando un vermut o un *gin-tonic* preparado de forma experta.

9. O Meu Lar

◉ C4 ◉ C/Margarit 24 ◉ Ma ◉ omeular.es · €€

Las paredes de este restaurante tradicional gallego están llenas de viejas fotos. Está especializado en tapas y carnes al carbón.

10. Quimet & Quimet

◉ C4 ◉ C/Poeta Cabanyes 25 ◉ 93 442 31 42 ◉ Sá y do · €

Esta diminuta bodega solo tiene espacio para estar de pie, pero sirve unas tapas deliciosas y unos vinos fantásticos.

El bar de tapas Quimet & Quimet, fundado en 1914

FRENTE MARÍTIMO

Las aguas azules del Mediterráneo están a unas pocas paradas de metro. Las playas de la ciudad estuvieron durante un tiempo escondidas tras unos terrenos industriales abandonados, pero las cosas cambiaron radicalmente con los preparativos para los Juegos Olímpicos de 1992. Como resultado del ambicioso proyecto para transformar la ciudad, la zona industrial fue demolida para dejar paso a 4 km de paseos y playas. Se construyó también un paseo marítimo con bares y restaurantes. El plan era crear una ciudad *oberta al mar* (abierta al mar) y el resultado ha sido espectacular. Las playas de arena con palmeras se extienden desde la Barceloneta, un barrio de pescadores, al Port Olímpic y más allá. Detrás está el Poblenou, en el pasado un barrio humilde transformado hoy en un centro de empresas tecnológicas y estudios de diseño. Hacia el interior, la frondosa extensión del Parc de la Ciutadella, con una fuente y un lago para remar, es un retiro ideal.

Para alojamientos en esta zona, ver p. 146

La concurrida playa de la Barceloneta

1 Playas
E6

Para darse un chapuzón, hay que ir hasta el final de la Rambla y pasear entre las palmeras del Moll de la Fusta en dirección al Passeig Joan de Borbó, calle llena de restaurantes, en la que se percibe la presencia del mar. Más de 4 km de playas con bandera azul se extienden hacia el norte, desde la Barceloneta hasta el Port Olímpic y más allá. La calidad del agua varía dependiendo de las corrientes. Las instalaciones son de primera, con duchas, tumbonas, canchas de vóley playa y socorristas. El paseo marítimo es ideal para dar una vuelta. La escultura de Rebecca Horn, *L'Estel Ferit*, se ha convertido en un símbolo de la zona.

2 Rambla de Mar
E5

La pasarela flotante de madera que conduce al llamativo centro comercial Maremagnum, abierto todos los días del año, hace que sea especialmente popular entre los compradores los domingos.

3 Museu d'Història de Catalunya
N6 **Pl Pau Vila 3** **10.00–19.00 ma–sá (hasta 20.00 mi), 10.00–14.30 do** **mhcat.cat**

Este museo, que ocupa el Palau de Mar, un almacén portuario reformado, ofrece recursos interactivos para explorar la historia de Cataluña desde la prehistoria. Los niños se divertirán especialmente gracias a las atractivas exposiciones, como un búnker de la época de la Guerra Civil y la reproducción de un bar catalán de los años 60 con un antiguo futbolín.

4 Barceloneta
F6

Este barrio de pescadores y marineros, una maraña de estrechas callejuelas, pequeñas plazas y viejos bares, parece estar a años luz de los centros comerciales del cercano Port Olímpic. Una incursión por este barrio, muy cohesionado socialmente, permite hacerse una idea de cómo era la Barcelona de hace 150 años. Hay restaurantes que sirven un menú del día a base de productos frescos recién bajados de los barcos. Todo el borde oeste de la Barceloneta está recorrido por el Passeig Joan de Borbó, donde hay multitud de restaurantes que sirven marisco y paella.

La *Quadriga de l'Aurora*, en la fuente del Parc de la Ciutadella

5 Parc de la Ciutadella

R4 **Pg Pujades**
10.00–22.30 diario

Este famoso parque, en el que viven loros que vuelan entre las palmeras y los naranjos, es el espacio verde más grande del centro de la ciudad. Es ideal para hacer un pícnic y está muy concurrido los domingos a mediodía, cuando la gente se reúne para tocar instrumentos, relajarse, remar en el lago, o visitar el museo y el zoo. En el extremo noroeste del parque hay una magnífica fuente en cascada coronada por un jinete de cuádriga flanqueado por grifos en distintas posiciones.

6 Pailebot Santa Eulàlia

L6 **Moll de la Fusta**
Los horarios varían, consultar la página web **mmb.cat**

Flotando en las aguas del Moll de la Fusta (muelle de la Madera) se encuentra esta goleta de tres mástiles restaurada, cuyo nombre original era Carmen Flores. El barco zarpó por primera vez de España en 1918 y en sus viajes a Cuba solía transportar textiles y sal, para volver con tabaco, café, cereales y madera. En 1997, el Museu Marítim *(p. 91)* lo compró y lo restauró, como parte del proyecto para crear una colección de buques históricos catalanes en condiciones de navegar.

7 Monument a Colom

E5 **Pl Portal de la Pau, s/n, Ciutat Vella**

Esta columna de 60 m de alto se construyó entre 1882 y 1888 con motivo de la Exposición Universal de Barcelona celebrada ese último año y conmemora el primer viaje de Cristóbal Colón a América. El propio Colón se levanta en lo alto de la columna, señalando al mar, supuestamente hacia América, pero en realidad hacia Italia. Ha habido peticiones de retirarla pero el Ayuntamiento las ha rechazado, argumentando que debe ser un recuerdo del pasado de la ciudad.

8 Viajes en barco y en teleférico

E5/6 **Telefèric: desde Torre San Sebastià; Las Golondrinas: Portal de la Pau; Orsom: Portal de la Pau** **Cada 30 min desde 11.15**

Se puede observar la actividad de la zona portuaria de Barcelona desde una perspectiva diferente, ya sea desde el aire o desde el mar. El *Transbordador Aeri* es un teleférico que sale de la estación de Miramar y la torre de San Sebastián y permite ver Barcelona y su costa a vista de pájaro. Para una perspectiva desde el agua, las anticuadas Golondrinas *(lasgolondrinas.com)*, el catamarán Orsom *(barcelona-orsom.com)* y los barcos de Bus Nautic *(alsa.com)* realizan paseos turísticos regulares por el antiguo puerto, las playas y la moderna zona portuaria.

El teleférico *Transbordador Aeri* sobre Barcelona

9 Poblenou y el complejo Palo Alto Design

H5 poblenouurbandistrict.com; paloalto.barcelona

El distrito de Poblenou cada vez está más de moda y se ha convertido en sede de empresas tecnológicas. Acoge un número creciente de modernos cafés y tiendas, así como antiguas naves y edificios industriales que se están restaurando y destinando a otros usos. En uno de ellos se encuentra BD Design, el *showroom* de diseño más prestigioso de Barcelona, mientras que en el complejo Palo Alto están los estudios de grandes diseñadores.

10 Museu de Ciències Naturals

Pl Leonardo da Vinci 4-5, Parc del Fòrum Los horarios varían, consultar la página web museuciencies.cat

El Museo Azul, la sede principal del Museu de Ciències Naturals, ocupa un edificio triangular y con un reborde elevado, construido por Herzog & de Meuron para el Fórum de Barcelona de 2004. Se trata de un lugar para la familia, con una atractiva combinación de exposiciones temporales y de maravillosas y anticuadas vitrinas llenas de animales disecados. La exposición principal es una "biografía de la Tierra", con un audiovisual interactivo que explica los orígenes del mundo. Hay una zona especial para que los menores de 7 años descubran la ciencia, así como una biblioteca y una cafetería. El Jardí Botànic (p. 102) es también parte del museo.

EXPLORANDO EL PUERTO

Mañana

Comienza el *passeig* (paseo) por el puerto, con una visita al **Museu Marítim** (p. 91), donde notarás que Barcelona es uno de los puertos más activos del Mediterráneo.

Desde aquí, dirígete hacia el Monument a Colom recorriendo el Moll de la Fusta para admirar el **pailebote Santa Eulàlia,** que ha sido minuciosamente restaurado por el museo. Pasea por la **Rambla de Mar** (p. 105), un ondulante puente levadizo de madera que conduce hasta el centro comercial **Maremagnum** (p. 69). Al principio de la pasarela, súbete al catamarán Orsom para dar un paseo (también podrás beber y picar algo). Disfruta del sol y de las vistas del puerto, tumbado sobre una red, a poca distancia del agua. De vuelta a tierra firme, recorre el Moll d'Espanya y ve hacia el tradicional barrio de pescadores de la **Barceloneta,** un encantador laberinto de callejuelas estrechas y viejos bares. Descubre la Barcelona más añeja en el bullicioso bar de tapas **El Vaso de Oro** (C/Balboa, 6). En la barra puedes tomarte algo y acompañarlo de delicias de marisco.

Tarde

Pon rumbo al Passeig Joan de Borbó y la playa. Empápate de Mediterráneo y luego echa una siesta bajo el sol de la tarde. Tómate algo en el **xiringuito Salamanca** (al final del Pg Joan de Borbó) o en alguno de los muchos bares de la zona.

La playa de Mar Bella

Bares y sitios de tapas

1. Chiringuitos de Mar Bella
🅿 Platja Nova Mar Bella
🕐 Invierno

La playa de moda de Barcelona cuenta con chiringuitos y sesiones de DJ.

2. Xiringuito l'Escribà
🅿 H6 🏠 Av Litoral 62, Platja de Bogatell
🌐 restaurantsescriba.com

Un bar situado en la arena que ofrece tapas tradicionales y excelentes paellas.

3. Bar Jai Ca
🅿 F5 🏠 C/Ginebra 13
🌐 barjaica.com

Este popular y relajado bar de barrio sirve deliciosas tapas y buenos vinos y licores de calidad.

4. Bodega Fermín
🅿 F6 🏠 C/Sant Carles 18
🕐 12.00-24.00 todos los días (hasta 1.00 vi y sá)

Local relajado, con cervezas de barril y apetecibles tapas sencillas. Es un lugar ideal para disfrutar del vermut.

5. Noxe
🅿 F6 🏠 W Hotel, Pl de la Rosa dels Vents 1
🌐 noxebarcelona.com

El espectacular bar de la planta 26 del W Hotel, al que se conoce como Hotel Vela, goza de bonitas vistas de la ciudad. El bar exige etiqueta.

6. La Deliciosa
🅿 E6 🏠 Plaça del Mar s/n
🌐 panteabeach.com/la-deliciosa

Este colorido lugar a pie de playa es ideal para almuerzos relajados y cócteles al atardecer.

7. L'Òstia
🅿 F6 🏠 Plaça de la Barceloneta
🌐 lostiabcn.com

Versión moderna de la taberna clásica, con gran variedad de tapas típicas y marisco fresco, que se pueden degustar en su encantadora terraza.

8. La Bombeta
🅿 F6 🏠 C/Maquinista 33
📞 93 319 94 45 🕐 12.00-24.00 ju-ma

Este tradicional bar catalán, muy popular, permite descubrir cómo era la vida en Barcelona antes de la llegada de los turistas. La especialidad de la casa son las bombas, una bola frita de puré de patata, que se sirve con salsa de tomate picante. Hay que ir mentalizado a esperar mesa.

9. Bodega La Peninsular
🅿 F5 🏠 C/del Mar 29 📞 93 221 40 89
🌐 tabernaycafetin.es/la-peninsular

La tradicional Bodega La Península sirve marisco fresco y tapas a base de productos locales.

10. El Vaso de Oro
🅿 F5 🏠 C/Balboa 6 📞 93 319 30 98

Este bar tradicional lleva más de medio siglo sirviendo cerveza y tapas. Se llena rápido, por lo que conviene llegar pronto para coger sitio en el estrecho mostrador.

Restaurantes y cafés

1. Set Portes
N5 Pg Isabel II 14 7portes.com
· €€

Esta institución legendaria de la ciudad, fundada en 1836, sirve algunos de los mejores platos de cocina catalana de la ciudad, incluida una gran variedad de paellas.

2. Camping Mar
Marina Vela, Pg de Joan de Borbó 103 grupotragaluz.com/camping-mar · €

Este restaurante al aire libre situado en el puerto deportivo detrás del Hotel W ofrece un excelente menú de cocina mediterránea de alto nivel.

3. Green Spot
N5 C/Reina Cristina 12
grupotragaluz.com/restaurantes/the-green-spot · €€

Amplio restaurante con un diseño elegante y minimalista que sirve algunos de los mejores platos vegetarianos y veganos de la ciudad.

4. Barraca
G6 Pg. Marítim de la Barceloneta 1 somosesencia.es · €€

Los ventanales del comedor de este restaurante ofrecen buenas vistas del mar. Su paella tiene fama en toda la ciudad.

5. Brunch & Cake By The Sea
F5 Pg Joan de Borbó 5
brunchandcake.com · €

Este luminoso café de decoración rústica ofrece un amplio *brunch* con clásicos como los huevos benedictinos. Tiene también opciones veganas y sin gluten, además de tartas caseras.

6. Salamanca
F6 C/Pepe Rubianes 34
restaurantesalamanca.es · €€

Al principio le parecerá un local para turistas, pero la comida es de primera. Ofrece una gran variedad de platos de carne.

PRECIOS
Una comida de tres platos con media botella de vino (o equivalente), servicio e impuestos incluidos.

€ menos de 35 € €€ 35-50 € €€€ más de 50 €

7. La Roseta
F6 C/Meer 37 673 81 69 76
8.30-14.00 diario · €

Este acogedor local ofrece deliciosas tartas caseras, como su legendaria tarta de queso.

8. El Gallito
F5 Passeig del Mare Nostrum 19
grupotragaluz.com/gallito · €€

Elegante local que sirve excelentes platos como arroces marineros.

9. Oaxaca
F5 Pla de Palau 19 13.00-16.00 y 19.00-23.00 diario
oaxacacuinamexicana.com · €€

Este es uno de los mejores restaurantes mexicanos de la ciudad, con platos típicos y creativos como la sopa azteca con tortillas o las quesadillas con centollo.

10. La Mar Salada
E6 Pg de Joan de Borbó 58 93 221 21 27 Los horarios varían, consultar la página web
lamarsalada.cat · €€

Este local está especializado en platos modernos y en especial cocina marinera, incluido rape con setas y alcachofas y paella.

Un plato de *tàrtar de sorell* en La Mar Salada

L'EIXAMPLE

Si el barrio antiguo es el corazón de Barcelona y los verdes Tibidabo y Montjuïc sus pulmones, L'Eixample (El Ensanche) es su sistema nervioso –su centro económico y comercial–. El área surgió en 1860, cuando se permitió que la ciudad creciera más allá de las murallas medievales. L'Eixample se basa en los planes del ingeniero catalán Ildefons Cerdà y tiene forma de cuadrícula. En cada intersección, las esquinas achaflanadas se dispusieron en un ángulo de 45 grados para que los edificios de la zona dieran a los cruces o plazas. Su construcción continuó en el siglo XX, una época en la que la élite favorecía a los arquitectos más audaces. El modernismo estaba en pleno apogeo y la zona acogió lo mejor de la arquitectura modernista de la ciudad, con sus elegantes fachadas y balcones. En la actualidad, los cafés llenos de encanto, las buenas tiendas de diseño, los restaurantes gastronómicos y los bares más modernos atraen a un público de profesionales, que ha hecho del barrio su territorio.

1 Imprescindible
p. 111

1 Restaurantes y
bares de tapas
p. 117

1 Tiendas de diseño
p. 114

1 Bares
p. 115

1 Cafés
p. 116

Para alojamientos en esta zona, ver p. 146

El complejo del Recinte Modernista Sant Pau

1 Sagrada Família

El prodigioso talento de Gaudí llegó a su cúspide en esta iglesia *(p. 22)* preciosa y muy poco convencional, que domina el paisaje de la ciudad.

2 La Pedrera

Una fantasía audaz y surrealista, este bloque de viviendas es la obra civil más importante de Gaudí *(p. 34)*.

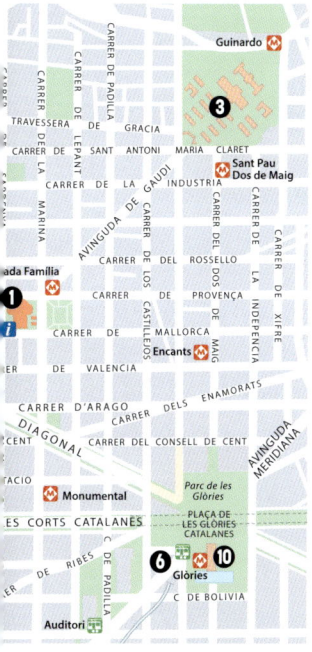

3 Recinte Modernista de Sant Pau

🚇 H1 📍 C/Sant Antoni Maria Claret 167 ⏰ Los horarios varían, consultar la página web 🌐 santpaubarcelona.org 🎫📷

Fundado en 1401, el Hospital de la Santa Creu i de Sant Pau estuvo en funcionamiento hasta 2009, cuando toda la actividad médica se trasladó a un nuevo edificio y este complejo, declarado Patrimonio de la Humanidad por la Unesco, fue restaurado y abrió sus puertas al público. Este centro de estilo *art nouveau*, creado por Domènech i Montaner entre 1902 y 1930, es un tributo al modernismo –y su respuesta a la Sagrada Família de Gaudí–. Tiene ocho pabellones, que cuentan con murales y esculturas, y varios edificios más, todos ellos unidos por túneles subterráneos. Los edificios están conectados por hermosos jardines y patios. El centro forma parte de la Ruta del Modernisme.

4 Mansana de la Discòrdia

🚇 E2 📍 Pg de Gràcia 35-45

En el corazón del Quadrat d'Or (el Cuadrado de Oro) se encuentra esta deslumbrante hilera de casas. La Manzana de la Discordia se llama así por el espectacular contraste entre sus tres edificios emblemáticos. Las casas, construidas entre 1900 y 1907 por los tres grandes arquitectos modernistas y rivales, Gaudí, Domènech i Montaner y Puig i Cadafalch, fueron encargadas por familias burguesas competidoras. Domènech creó la ornamentada Casa Lleó Morera, Puig la Casa Amatller *(p. 50)*, de inspiración gótica, y Gaudí la fantasiosa Casa Batlló *(p. 50)*. Dos de las tres, la Casa Amatller y la Casa Batlló, pueden visitarse. Los edificios de los números 37 y 39 añaden aún más esplendor al conjunto. En el n.º 39 se encuentra el Museu del Perfum *(p. 49)*.

La escultura *Nube y silla*
en la Fundació Tàpies

5 Fundació Tàpies

🏛 E2 📍 C/Aragó 255 🕐 10.00-
19.00 ma-sá, 10.00-15.00 do
🌐 fundaciotapies.org ♿

Este temprano edificio modernista
acoge pinturas y esculturas de Antoni
Tàpies (1923-2012), que fue uno de los
artistas catalanes más destacados.
Para hacerse una idea de lo que espera
en el interior, hay que mirar hacia
arriba y descubrir que el museo está
coronado por una llamativa escultura
de alambre del artista llamada *Nube y
silla* (1990). La colección de más de 300
piezas cubre toda la gama de trabajos
de Tàpies, incluidas impresionantes
piezas abstractas como *Ocre-gris sobre
marrón* (1962). En el museo también se
celebran exposiciones temporales y
algunas de las pasadas han estado
dedicadas a Mario Herz y Hans Hacke.

6 Els Encants

🏛 H3 📍 Av Meridiana 69
🕐 9.00-20.00 lu, mi, vi y sá
🌐 encantsbarcelona.com

Durante casi cien años, el mercado de
Els Encants fue un batiburrillo de
puestos callejeros. En 2014, el mercado
se trasladó a un llamativo nuevo
emplazamiento y ahora los puestos
están en una suave pendiente, bajo una
cubierta angulosa y reflectante,
diseñada para proteger del sol. Además

**El moderno exterior de
cristal del Disseny Hub**

de antigüedades, baratijas y trastos
viejos, hay textiles, artículos para el
hogar, discos y ropa retro.

7 Casa de les Punxes (Casa Terrades)

🏛 F2 📍 Av Diagonal 416 🌐 casa-
lespunxes.com

Esta especie de castillo de estilo gótico
con cuatro torres fue diseñado por el
arquitecto modernista Josep Puig i
Cadafalch y terminado en 1905 para las
hermanas Terrades. Siempre ha estado
ocupado por apartamentos privados.
Desde el exterior se pueden admirar los
balcones de hierro, los relieves esculpidos
y las vidrieras. Los paneles de cerámica
instalados en la fachada representan los
símbolos patrióticos de Cataluña.

8 Rambla de Catalunya

🏛 E2

Esta prolongación de la conocida Rambla
es una versión más elegante. Está arbolada (los árboles forman un frondoso túnel
verde en verano) y cuenta con un montón
de hermosas fachadas y tiendas, incluida
la modernista Farmàcia Bolos (n.º 77).
En la concurrida avenida también hay numerosos bares y restaurantes con terraza.

9 Museu Egipci

🏛 E2 📍 C/València 284 🕐 Los
horarios varían, consultar la página
web 🌐 museuegipci.com ♿

El museo de egiptología más importante de España expone más de 350 piezas
de más de 3.000 años de historia del

ILDEFONS CERDÀ

El diseño de Ildefons Cerdà para la nueva zona de la ciudad, basado en una cuadrícula formada por manzanas cuadradas, se aprobó en 1859. Siguiendo los ideales del socialismo utópico de Cerdà, cada manzana consistía en un patio interior ajardinado rodeado de edificios de viviendas. Sin embargo, pronto llegaron los especuladores inmobiliarios y los patios interiores se convirtieron en almacenes y fábricas. En la actualidad, estos espacios verdes se van restituyendo poco a poco.

Antiguo Egipto. Entre ellas hay figuras de terracota, momias humanas y de animales y un busto de la diosa Sejmet (700-300 a. C.).

10 Disseny Hub

◉ H3 ◉ Pl de les Glòries Catalanes 37-38 ◉ 15.30-21.00 lu, 9.00-21.00 ma-do
ⓦ dissenyhub.barcelona

Grande y monolítico, acoge un museo dedicado a la arquitectura, la moda y el diseño gráfico. El edificio recubierto de cristal y zinc es en sí mismo una declaración de diseño. También alberga dos asociaciones sin ánimo de lucro que promueven el diseño y la arquitectura, Foment de les Arts i del Disseny (FAD) y Barcelona Centre de Disseny (BCD).

LA RUTA MODERNISTA

Mañana

Visita el **Museu del Modernisme de Barcelona** (C/Balmes, 48, www.mmbcn.cat) para descubrir el modernismo catalán a través de una serie de exposiciones y luego pasea por los jardines de la universidad. Dirígete hacia el este por la Gran Via, pasa el **Hotel Palace Barcelona** (p. 146) y gira a la derecha en la C/Bruc y otra vez a la derecha en la C/Casp, para ver la **Casa Calvet** de Gaudí. Recorre dos manzanas más hacia el oeste, hasta el Pg. de Gràcia; gira a la derecha y recorre otras tres manzanas para llegar a la **Mansana de la Discòrdia** (p. 111), donde podrás explorar la **Casa Lleó Morera**, la **Casa Amatller** o la **Casa Batlló** o las tres (p. 50) si tienes tiempo. Haz una visita al **Museu del Perfum** y a la perfumería **Regia** (p. 49) y luego sigue hacia el norte para maravillarte con **La Pedrera** de Gaudí (p. 34). Haz una parada para comer en el **Windsor** (p. 117).

Tarde

Después de comer, vuelve al Pg. de Gràcia y luego gira a la derecha para seguir la Av. Diagonal, hasta llegar a la **Casa de les Punxes,** situada en n.° 416. Continúa por la Diagonal y tuerce a la izquierda en el Pg Sant Joan para ver modernista Palau Macaya, hoy el centro cultural CaixaForum Macaya, en el n.° 100. Luego, pasea por la C/Mallorca hasta la **Sagrada Família** (p. 22). Aquí, puedes contemplar la fachada del Nacimiento en la Plaça de Gaudí, para luego subir hasta lo alto de las torres y disfrutar de las vistas de la ciudad.

Tiendas de diseño

Una selección de menaje
del hogar en Pilma

1. Pilma
📍 E1 🏠 Av Diagonal 403 🕐 Do
🌐 pilma.com
Muebles y accesorios modernos de
grandes marcas, además de creaciones
vanguardistas de diversos diseñadores
catalanes.

2. DomésticoShop
📍 D1 🏠 Av Diagonal 419 🕐 Do
🌐 domesticoshop.com
Tienda de dos plantas con mobiliario de
diseño, utensilios para la casa y un
bonito café.

3. Regia
📍 E2 🏠 Pg de Gràcia 39 🕐 Do
🌐 regia.es
La mayor perfumería de la ciudad tiene
más de 1.000 aromas entre los que
elegir, incluidas todas las grandes
marcas y pequeños fabricantes. El
espacio también acoge el Museu del
Perfum (*p. 49*).

4. Dos i Una
📍 E2 🏠 C/Roselló 275
🌐 dosiunabarcelona.com
Una tienda de regalos de diseño *made
in Barcelona*.

5. Odd Kiosk
📍 D2 🏠 C/València 222 🌐 oddhiosk.com
El primer quiosco LGTBIQ+ de Barcelona
es un lugar sofisticado lleno de revistas
de estilo, fanzines y tarjetas.

6. Nanimarquina
📍 F2 🏠 Rosselló 256 🕐 Lu y do
🌐 nanimarquina.com
Exquisita tienda que vende alfombras
de calidad y telas hechas a mano.

7. Azul Tierra
📍 E1 🏠 C/Còrsega 276-282
🕐 Lu y do 🌐 azultierra.es
Enorme espacio estilo almacén con
mobiliario exquisito, además de
lámparas y todo tipo de objetos
decorativos, desde espejos a velas.

8. Àmbit
📍 F2 🏠 C/Aragó 338
🌐 ambitbarcelona.com
Esta enorme salón de exposición tiene
una amplia selección de muebles de
diseño, además de kílims, alfombras,
cojines, espejos y otros objetos
decorativos.

9. Nordik Think
📍 D1 🏠 C/Casanova 214 🕐 Do
🌐 nordicthinh.com
Nordik Think ofrece creaciones de
destacados diseñadores escandinavos,
desde muebles minimalistas a
iluminación, objetos decorativos y
mucho más.

10. Bagués Joieria
📍 E2 🏠 Pg de Gràcia 41 🕐 Do
🌐 bagues-masriera.com
Los artículos de esta joyería están hechos
a mano usando métodos tradicionales.

**Mobiliario contemporáneo en
Nordik Think**

Bares

1. Sips
D2 C/Muntaner 108 18.30-2.00 ma-sá sips.barcelona

El mejor bar de Europa, según World's Best Bars 2024, sirve extraordinarios cócteles. Para mejorar la experiencia, vale la pena probar el menú degustación de cócteles: Esencia.

2. Xixbar
C4 C/Rocafort 19 Los horarios varían, consultar la página web xixbar.net

Un reputado bar que sirve *gin-tonics*. En la tienda de al lado se venden los mejores licores de la ciudad.

3. Les Gens Que J'Aime
E2 C/València 286 18.00-2.30 lu-ju y do, 19.00-3.00 vi y sá lesgensquejaime.com

Este local, situado en un sótano, es ideal para tomar una copa y disfrutar de la música *lounge*.

4. Slow Bar
D1 C/París 186 93 368 14 55 19.00-5.00 lu-vi, 18.00-6.00 sá (discoteca: solo vi y sá)

Este establecimiento decorado en tonos rojos ofrece música en directo y gran variedad de cócteles.

5. Bobby's Free
F3 C/Pau Claris 85 19:00-3.00 diario bobbysfree.com

Esta joya escondida se sitúa tras la fachada de una barbería. Se necesita la contraseña de su página de Instagram para abrir la puerta de este bar clandestino. Una vez dentro, podrás disfrutar de sus deliciosos cócteles.

6. Cotton House Hotel Terrace
F3 Gran Via de les Corts Catalanes 670 93 450 50 45 7.00-24.00 diario

La jungla de plantas, los muebles de mimbre y los fabulosos cócteles de este elegante bar de hotel con terraza lo convierten en el sitio ideal para tomar una copa.

7. Ideal
D2 C/Aribau 89 93 453 10 28 12.00-2.00 todos los días (hasta 2.30 vi y sá)

Coctelería abierta por el legendario barman José María Gotarda en 1931 con más de 80 variedades de whisky.

8. Jardin del Alma
E2 C/Mallorca 271 93 216 44 78 17.00-21.00 diario

Precioso jardín secreto en el hotel Alma Barcelona; ideal para tomar un vino y unas tapas.

9. Solange
D1 C/Aribau 143 18.00-1.30 todos los días (hasta 2.30 vi y sá) solangecochtail.com

Este sofisticado bar de cócteles cuenta con expertos mixólogos y una carta temática dedicada a James Bond.

10. Dry Martini
D1 C/Aribau 162 Los horarios varían, consultar la página web drymartiniorg.com

Un establecimiento clásico y elegante, con unos bármanes de gran talento, siempre listos para prepararle su cóctel favorito. La música de jazz suena discretamente de fondo.

Un acogedor rincón en la coctelería Dry Martini

Paredes de ladrillo visto y toques de madera en Oma Bistro

Cafés

1. Laie Llibreria Cafè
⊡ E3 ⌂ C/Pau Claris 85 ⊡ Do
ⓦ laie.es/en/pau-claris

Un lugar de encuentro cultural, con un ambiente muy animado, una espaciosa terraza y una de las mejores librerías de la ciudad. También propone un menú excelente.

2. Cafè del Centre
⊡ F3 ⌂ C/Girona 69
ⓦ cafedelcentre.com

Se dice que es el café más antiguo de L'Eixample. Su interior ha sido restaurado con mimo y conserva el mobiliario de madera oscura original. Es un lugar estupendo para tomarse un café; su menú del día es excelente.

3. Casa Alfonso
⊡ F3 ⌂ C/Roger de Llúria 6 ⊡ Do
ⓦ casaalfonso.com

Un local con clase, que lleva abierto desde 1929. Posiblemente el mejor pernil de la ciudad.

4. Oma Bistro
⊡ D3 ⌂ C/Consell de Cent 227
ⓦ omabarcelona.com

Amplio y acogedor; es muy popular, sobre todo por su espléndido *brunch*.

5. Pastelerías Mauri
⊡ E2 ⌂ Rambla Catalunya 102
⊡ Do cenas ⓦ pasteleriasmauri.com

Una de las mejores pastelerías de la ciudad desde que abrió sus puertas en 1929. Vale la pena tomarse algo caliente con uno de sus deliciosos postres.

6. The Coffee House
⊡ D2 ⌂ C/València 143 ☎ 63 105 08 36
⊡ 8.00-16.00 lu-ju, 9.00-16.00 vi-do

Bonito local con buenos desayunos, *brunches* y tartas caseras con excelente café.

7. Baluard
⊡ F2 ⌂ Praktik Bakery Hotel, C/Provença 279 ☎ 93 269 48 18 ⊡ Do cenas

Situada en el vestíbulo de un hotel de aire escandinavo, esta panadería-cafetería sirve ensaladas *gourmet*, bocadillos y repostería.

8. Velódromo
⊡ D1 ⌂ C/Muntaner 213
ⓦ barvelodromo.com

Este histórico bar, con muebles originales de los años 30, reabrió sus puertas gracias al famoso chef Carles Abellán. El menú incluye versiones de clásicos catalanes.

9. Manso's Café
⊡ C4 ⌂ C/Manso 1 ☎ 93 348 63 46

Cafetería donde disfrutar tartas caseras al estilo sueco, café (con variedad de tipos de leche), deliciosas sopas y quiches. Hay mesas en la pequeña terraza y en el acogedor interior.

10. Granja Petitbo
⊡ D2 ⌂ C/Mallorca 194
ⓦ granjapetitbo.com

Café con sofás que sirve platos ligeros, muchos de ellos son tanto veganos como vegetarianos.

Restaurantes y bares de tapas

PRECIOS

Una comida de tres platos con media
botella de vino (o equivalente), servicio
e impuestos incluidos.

€ menos de 35 € €€ 35-50 € €€€ más de 50 €

1. Joséphine

🅿 E2 🏠 C/Pau Claris 147 📞 93 853
55 40 · €

Este café de temática francesa sirve
picoteo durante todo el día y menú a la
carta por la noche.

2. Cinc Sentits

🅿 D2 🏠 C/Aribau 58 🕐 Lu y do
🌐 cincsentits.com · €€€

En este restaurante se miman los cinco
sentidos del cliente; sus interpreta-
ciones contemporáneas de la cocina
clásica catalana le han valido a su chef
dos estrellas Michelin.

3. Igueldo

🅿 E2 🏠 C/Rosselló 186 🕐 Do
🌐 restauranteigueldo.com · €€

Cocina vasca actualizada, servida
en un entorno elegante.

4. Disfrutar

🅿 D2 🏠 Carrer de Villarroel, 163
🕐 Lu y do
🌐 disfrutarbarcelona.com · €€€

Este restaurante de cocina creativa
está liderado por chefs formados en el
legendario El Bulli. Las reservas requie-
ren hasta un año de antelación.

5. Casa Carmen

🅿 E3 🏠 C/Casp 17 📞 93 412 57 97 🕐 Los
horarios varían, llamar antes · €€

Parte de una pequeña cadena,
combina una decoración elegante con
la cocina tradicional española a precios
asequibles.

6. Cervecería Catalana

🅿 E2 🏠 C/Mallorca 236
📞 93 216 03 68 · €

Unas de las mejores tapas de la ciudad,
acompañadas de una amplia variedad
de cervezas, cerca de la Rambla de
Catalunya.

7. Windsor

🅿 E1 🏠 C/Còrsega 286
🕐 Do y tres semanas en ago
🌐 restaurantwindsor.com · €€€

Alta cocina catalana servida en un
entorno elegante, con arañas y
muebles tapizados de rojo. También
hay un jardín para cenar al fresco.

8. La Taverna del Clínic

🅿 D2 🏠 C/Rosselló 155 🕐 Do
🌐 latavernadelclinic.com · €€

Sofisticado bar de tapas con algunos de
los platos más creativos de la ciudad.

9. Paco Meralgo

🅿 D1 🏠 C/Muntaner 171
🌐 restaurantpacomeralgo.com · €

Este animado y elegante bar de tapas
tiene una carta *gourmet* basada en
recetas de todo el país.

10. Moments

🅿 E3 🏠 Pg de Gràcia 38-40
🌐 mandarinoriental.com · €€€

Ubicado en el lujosísimo Mandarín
Oriental (*p. 146*), el restaurante Moments
ha recibido dos estrellas Michelin por
sus magníficas versiones de los clásicos
catalanes. Se puede comer a la carta u
optar por los menús de degustación.

**El comedor de Moments
en el Mandarin Oriental**

GRÀCIA, TIBIDABO Y ZONA ALTA

La empinada Zona Alta incluye varios barrios, desde el adinerado Pedralbes y el empinado Tibidabo hasta el animado Gràcia. La zona ofrece unas vistas impresionantes y cuenta con numerosos atractivos, pero lo que la hace distinta son sus 15 parques. Los mejores son Collserola, que se extiende como un manto verde por la montaña del Tibidabo, y el Park Güell de Gaudí. El Tibidabo está coronado por el Temple Expiatori del Sagrat Cor. La tradición cosmopolita de Gràcia y su comunidad gitana han atraído desde hace mucho tiempo a artistas y escritores hasta su laberinto de calles, y sus plazas acogen actualmente a una gran cantidad de animados bares y tiendas.

1 Imprescindible
p. 119

1 Restaurantes y bares de tapas
p. 125

1 Tiendas de Gràcia
p. 122

1 Locales de copas
p. 124

1 Cafés de Gràcia
p. 123

Para alojamientos en esta zona, ver p. 147

1 Monestir de Pedralbes

📍 B1 📌 C/Baixada del Monestir 9
🕐 Desde 10.00 ma-do; los horarios de cierre varían, consultar la página web
🌐 monestirpedralbes.barcelona ↗

Así llamado por la expresión latina petras albas, que significa "piedras blancas", este precioso monasterio gótico fue fundado por la reina Elisenda de Montcada de Pinós en 1327, con la ayuda de su marido Jaime II de Aragón. Su tumba de alabastro se encuentra en el muro situado entre la iglesia y el impresionante claustro gótico de tres plantas. Las cocinas amuebladas, las celdas, la enfermería y el refectorio, todos ellos muy bien conservados, proporcionan una interesante visión de la vida medieval.

Carrusel de época en el Parc d'Atraccions del Tibidabo

2 Parc d'Atraccions del Tibidabo

📍 B1 📌 Pl de Tibidabo 🕐 Los horarios varían, consultar la página web
🌐 tibidabo.cat ↗

Hay que tomar el funicular Cuca de Llum para subir a lo alto de la montaña del Tibidabo (517 m) y visitar este parque de atracciones, que abrió sus puertas en 1908. Hay un par de atracciones modernas que hacen que suba la adrenalina, pero las realmente atractivas son las antiguas, incluidos un carrusel y una noria muy bien conservados. También cuenta con el Museu dels Autòmates (p. 49), con autómatas, modelos mecánicos y una maqueta a escala del parque.

3 Torre de Collserola

📍 B1 📌 Parc de Collserola
🕐 Los horarios varían, consultar la página web 🌐 torredecollserola.com

La estilizada torre de telecomunicaciones fue diseñada por el arquitecto británico Norman Foster y se inauguró para los Juegos Olímpicos de 1992. La estructura con forma de aguja de la parte superior descansa sobre un pilar de hormigón, sujetado por 12 enormes cables de acero. La torre se eleva hasta los 288 m y un ascensor acristalado permite llegar hasta lo alto. En los días claros se puede ver Montserrat y los Pirineos.

El Camp Nou, el estadio del FC Barcelona, es el más grande de Europa

4 Tour del estadio y Museu del FC Barcelona

📍 A2 🏛 Av Arístides Maillol 🕐 Los horarios varían, consultar la página web; se recomienda reservar 🌐 fcbarcelona.com ♿🚻

El Museu del FC Barcelona, el museo más visitado de la ciudad, es un lugar imprescindible para los aficionados. Este museo bate récords de visitantes año tras año y a través de su recorrido los visitantes pueden hacer un repaso por una historia más que centenaria y llena de éxitos, recordando a los jugadores más emblemáticos y admirando el palmarés de copas.

5 CosmoCaixa Museu de la Ciència

📍 B1 🏛 C/Isaac Newton 26 🕐 10.00-20.00 diario 🌐 cosmocaixa.org/es/museo-ciencia-barcelona ♿🚻

El museo de la ciencia de Barcelona ofrece una experiencia totalmente estimulante e interactiva. Ocupa un edificio de cristal y acero de nueve plantas, seis de las cuales son subterráneas. Las exposiciones incluyen una gran variedad de objetos históricos, flora y fauna autóctonos. Uno de sus mayores atractivos es la sección que reproduce una selva amazónica inundada, con peces, reptiles, mamíferos aves y plantas. La visita por la historia geológica de la Tierra explica procesos como la erosión y la sedimentación. También cuenta con exposiciones temporales innovadoras sobre cuestione medioambientales.

6 Park Güell

Declarado Patrimonio de la Humanidad por la Unesco, este embriagador concentrado de maravilla arquitectónicas (p. 32) incluye mosaicos de trencadís, pabellones de cuento de hadas, arcos góticos y una zona con columnas, la Sala Hipóstila (pensada originalmente como mercado). El parq es una obra totalmente gaudiniana, en la que la exuberancia y el simbolismo le impregnan todo. La Casa-Museu Gaudí en la que Gaudí vivió durante 20 años, está dedicada a la vida del arquitecto.

7 Parc del Laberint d'Horta

📍 C1 🏛 C/Germans Desvalls 🕐 10.00-anochecer diario ♿

En 1802, el marqués d'Alfarràs celebró una gran fiesta en estos maravillosos jardines neoclásicos en honor de Carlos IV. Diseñados por el arquitecto italiano Domenico Bagutti, incluyen pabellones elegantes, un estanque, un cascada, canales y un laberinto de setc de ciprés.

GRÀCIA

Hasta finales del siglo XIX, Gràcia fue una ciudad independiente. En 1898, a pesar de las protestas de sus habitantes, se convirtió en un barrio de Barcelona, pero ha mantenido un marcado carácter propio y ha sido un hervidero de activismo político. Actualmente alberga una industria artesanal alimentada por el número creciente de artesanos. La fiesta anual del barri (p. 74) se celebra la segunda semana de agosto.

El Temple Expiatori del Sagrat Co coronado por una estatua de Jesú

8 Parc de Collserola

B1 **C/Església 92**
parcnaturalcollserola.cat

Más allá de las cumbres de la montaña del Tibidabo, este parque natural de 5.500 ha de bosque salvaje y caminos serpenteantes es un oasis de paz. Es un lugar ideal para practicar senderismo y ciclismo.

9 Casa Vicens

E1 **Carrer de les Carolines 20**
Abr-oct: 10.00-20.00 diario; nov-mar: 10.00-18.00 diario
casavicens.org

Esta antigua casa particular, que fue el primer gran encargo de Gaudí, está situada en una tranquila calle residencial. Antaño estaba rodeada de huertos y campo, algo que el arquitecto reflejó en la fachada: un mosaico de azulejos decorados con margaritas. En el interior, las habitaciones están repletas de marquetería, arabescos y ambientes inspirados en la naturaleza.

10 Temple Expiatori del Sagrat Cor

El templo neogótico del Sagrado Corazón (p. 46) fue construido por Enric Sagnier entre 1902 y 1911. Su estructura está coronada por una espectacular escultura de Jesús, y su puerta tiene una decoración elaborada. Se puede coger el ascensor a la torre principal o subir por la escalera a la terraza exterior y disfrutar de vistas impresionantes.

EXPLORANDO LA PARTE ALTA

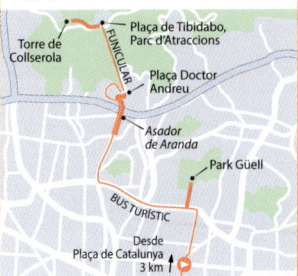

Mañana

Hacer la ruta norte del Bus Turístic es la manera más fácil de recorrer la zona norte de la ciudad; además, también ofrece descuentos en las entradas a las principales atracciones de la ruta. Súbete en **Plaça de Catalunya** (p. 52) (los billetes pueden comprarse en el propio autobús) y siéntate en el piso superior para disfrutar de unas buenas vistas de los edificios modernistas del Pg. de Gràcia. Haz tu primera parada en el **Park Güell** y dedica la mañana a pasear tranquilamente por el fantasioso parque creado por Gaudí. Regresa al autobús y continúa hasta el extremo sur de la Av. Tibidabo. Camina unos 500 m por la Av. Tibidabo y haz una parada para comer en el jardín del **Asador de Aranda** (p. 125).

Tarde

Después de disfrutar de las delicias de la mejor cocina castellana, sube por la Av. Tibidabo hasta la Plaça Doctor Andreu, donde puedes coger el funicular y llegar aún más arriba, a la Plaça del Tibidabo. Entra en el **Parc d'Atraccions** (p. 119) y súbete a la noria. Luego, pon rumbo a la emblemática **Torre de Collserola** (p. 119). Vuelve a la Pl. Doctor Andreu con el funicular y degusta un *granissat* en la terraza de alguno de los bares. Por último, toma el autobús 196 para bajar por la Av. Tibidabo y súbete de nuevo al Bus Turístic para regresar al centro de la ciudad.

Tiendas de Gràcia

La tienda conceptual
de moda masculina Boo

1. Boo
📍 E1 🏠 C/Bonavista 2 🕐 11.00–20.30
lu–sá 🌐 boobcn.com

Este espacio elegantemente decorado
propone ropa y accesorios contemporáneos con un toque *vintage*. Aquí
encontrará marcas internacionales
como Saint James, Norse Projects y
camisas de Tuk. También cuenta con
una selección de libros y perfumes.

2. Lydia Delgado
📍 E1 🏠 C/Sèneca 28 🕐 12.00–20.00 lu–
vi, 11.00–14.00 sá 🌐 lydiadelgado.es

Esta consolidada diseñadora catalana
crea ropa para mujer, inspirada en los
años 50 y 60. Los toques de bordados,
patchworks y otros detalles realzan las
telas.

3. José Rivero
📍 F1 🏠 C/Astúries 43 📞 93 237 33 88
🕐 11.00–14.00 y 17.00–21.00 lu–sá

José propone sus propias creaciones
originales para mujer; también vende
accesorios, incluidos bolsos creados por
diseñadores locales.

4. Berta Sumpsi
📍 F1 🏠 C/Verdi 98 🕐 11.00–14.00 y
17.00–20.00 lu–sá 🌐 bertasumpsi.com

Este pequeño espacio se desdobla en
taller y sala de exposiciones. Hay una
extraordinaria variedad de joyas en un
entorno minimalista.

5. Érase Una Vez
📍 E1 🏠 C/Bonavista 13 🕐 10.30–14.00
y 17.00–20.00 lu–vi, 11.00–14.00 sá
🌐 eraseunaveznovias.com

Muchas fantasías de cuento se hacen
realidad en esta pequeña *boutique,* que
crea fabulosos y únicos vestidos de
novia. También propone prendas de los
diseñadores más exclusivos.

6. Nana Banana
📍 F1 🏠 C/Verdi 24 🕐 11.00–21.00 lu–sá
🌐 nanabananabcn.com

En esta *boutique* se respira el ambiente
de Gràcia con las creaciones de jóvenes
diseñadores locales. La ropa va desde
monos brillantes a camisetas gráficas.

7. Picnic Store
📍 F1 🏠 C/Verdi 17

Picnic Store, una de las pequeñas
boutiques de la calle Verdi, tiene una
cuidada selección de moda femenina y
accesorios de marcas locales.

8. By Appointment
📍 F1 🏠 C/Bonavista 7 📞 652 041 434
🕐 Los horarios varían, llamar antes

By Appointment ofrece una elegante
selección de ropa masculina de moda,
desde trajes en colores inusuales hasta
ropa casual.

9. El Piano
📍 F1 🏠 C/Verdi 20 bis 🕐 11.00–14.30 y
16.30–20.30 lu–vi, 11.00–21.00 sá
🌐 elpianobcn.com

El Piano vende ropa para mujer con
aire retro, hecha por la diseñadora
catalana Tina García. También tiene
prendas de otros diseñadores
independientes.

10. Botó and Co
📍 E1 🏠 C/Bonavista 3 📞 93 676 22 71
🕐 10.30–20.30 lu–sá

Esta tienda barcelonesa vende moda
de gran calidad para mujer, incluidos
vaqueros de Current/Elliot, jerséis de
Humanoid y otros.

Cafés de Gràcia

1. Cafè del Sol
F1 ⬜ Pl del Sol 16 📞 93 237 14 48
El Café del Sol destaca entre los establecimientos situados en la animada y bohemia Plaça del Sol. Siempre hay ambiente y buenas conversaciones y el café es excelente.

2. Cafè Salambó
F1 ⬜ C/Torrijos 51 📞 93 218 69 66
Unos bocadillos para chuparse los dedos y una deliciosa variedad de ensaladas son los principales atractivos de este bonito bar-café. En el piso de arriba hay mesas de billar.

3. Bar Quimet
E1 ⬜ C/Vic 23 📞 93 218 41 89
Un bar auténtico y anticuado, con mesas de mármol y grandes barriles de madera, sin embargo perfecto para tomar el aperitivo. Muy recomendable probar el vermut y la selección de aceitunas y boquerones.

4. La Cafetera
F1 ⬜ Pl de la Virreina 2
🌐 lacafeterabar.com
De todos los cafés de la Plaça de la Virreina, La Cafetera, con su terraza al aire libre y su patio lleno de macetas, es una de las mejores opciones para pasar una agradable mañana delante de un café y un sándwich o un pastelito.

La concurrida Plaça de la Virreina, con sus terrazas

5. Suís & Bowls
E1 ⬜ Travessera de Gràcia 151
🌐 elsuis.com
Colorido café que ofrece platos saludables y ensaladas, además de zumos, tartas y pasteles.

6. Bar La Camila
F1 ⬜ C/Banyoles 11
📞 93 249 88 91
Esta cafetería reformada con estilo posee un ambiente relajado y ofrece excelente café, deliciosos sándwiches y sabrosos bocadillos.

7. Bicioci Bike Café
F1 ⬜ C/Venus 1 🌐 bicioci.com
Bicioci, dedicado a los amantes de la bicicleta, tiene algunas colgadas del techo. Sirve excelente café, tartas, *brunches* y platos del día.

8. Cafè del Teatre
F1 ⬜ C/Torrijos 41
📞 93 416 06 51
Este es un lugar genial para encontrar gente joven y simpática y buena conversación. Sin embargo, la única relación con el teatro de este destartalado pero popular café parece que son las cortinas de terciopelo que hay sobre el letrero de la puerta.

9. La Nena
F1 ⬜ C/Ramón y Cajal 36
📞 93 285 14 76
Esta cafetería es popular entre los padres con niños pequeños, gracias a la sala con mesas y juegos. Sirve tartas caseras, zumos y bebidas calientes, lo que lo convierten en uno de los locales favoritos del barrio.

10. Sabio Infante
F1 ⬜ C/Torrent de l'Olla 39
🌐 sabioinfante.com
Café decorado con colores vivos y singulares objetos *kitsch* que sirve tartas caseras y excelente café.

Locales de copas

1. Bobby Gin
📍 E1 🏠 C/Francisco Giner 47
🌐 bobbygin.com

Esta coctelería dispone de unas 60 ginebras de primera calidad –florales, cítricas, especiadas y añejas–. Su eslogan, "Respeta la ginebra", es cortesía del barman.

2. Las Vermudas
📍 F1 🏠 C/Robí 32 🕐 Lu y ma
🌐 lasvermudas.com

Cuenta con una fantástica selección de vermuts, una bebida que no pierde popularidad. Se puede degustar en la terraza o durante un concierto en directo.

3. Mirablau
🏠 Pl Dr Andreu 🌐 mirablaubcn.cat

Local con una clientela adinerada que acude aquí para disfrutar de la combinación de buenos cócteles y fantásticas vistas de la ciudad.

4. Gimlet
📍 D1 🏠 C/Santaló 46 🕐 Do
🌐 drymartiniorg.com

Abierto en 1982 por Javier de las Muelas, el Gimlet es un bar clásico de aire contemporáneo, en el que se puede disfrutar de bebidas de gran calidad en un entorno elegante.

5. Luz de Gas
📍 D1 🏠 C/Muntaner 246 🕐 Do-ma
🌐 luzdegas.com

Este antiguo teatro, uno de los locales más importantes desde mediados de los 90, conserva su encanto, con cortinas rojas y candelabros. Tiene conciertos en directo y sesiones de DJ de jueves a sábado.

6. La Vila's Bar
📍 F1 🏠 C/Alzina 2 📞 34 934 06 98 32

Escondido detrás de la Plaça de la Virreina, este acogedor lugar está decorado con mesas de madera y sifones *vintage*, que complementan la especialidad de la casa: el vermut.

7. Torre Rosa
🏠 C/Francesc Tàrrega 22 🕐 Comidas
🌐 torrerosa.com

Este popular local es ideal para pasar las noches de verano bajo las palmeras de su terraza. Ofrece una amplia selección de cócteles.

8. La Cervesera Artesana
📍 F1 🏠 C/Sant Agustí 14
🌐 lacervesera.net

Esta agradable cervecería artesanal sirve una buena variedad de cervezas de importación, además de sus propias y excelentes cervezas. La Iberian Torrada (tostada), una cerveza suave de color ámbar, vale realmente la pena.

9. Elephanta
📍 F1 🏠 Torrent d'en Vidalet, 37 🕐 Ju
🌐 elephanta.cat

Especializado en ginebras aromatizadas, Elephante ofrece excelentes cócteles en un ambiente íntimo. Durante la tarde funciona como cafetería.

10. Bikini
📍 C1 🏠 Av Diagonal 547 🕐 Lu y ma
🌐 bikinibcn.com 🔗

Este local enorme, que abre a partir de la media noche, tiene tres espacios, que ofrecen música latina y de baile y una zona dedicada a la coctelería. Hay conciertos con regularidad, que incluyen a los mejores artistas europeos.

Las estanterías de bebidas del bar Bobby Gin

Restaurantes y bares de tapas

La decoración de época del restaurante Bonanova

PRECIOS
Una comida de tres platos con media botella de vino (o equivalente), servicio e impuestos incluidos.
....
€ menos de 35 € €€ 35-50 € €€€ más de 50 €

1. Asador de Aranda

🅐 Av Tibidabo 31 ☎ 93 417 01 15 · €€

Este restaurante, que ocupa el edificio modernista de la Casa Roviralta, es un imán para los empresarios y ejecutivos. Sirve delicioso cordero asado al horno con leña de roble y tiene un bonito jardín.

2. Hofmann

🅔 E1 🅐 C/La Granada del Penedès 14-16
🕐 Lu comidas, sa y do 🔗 hofmann-bcn.
com · €€€

Creado por la fallecida chef Mey Hofmann, este restaurante con estrella Michelin sirve una cocina catalana excepcional. Deje espacio para los postres.

3. Abissínia

🅕 F1 🅐 C/Torrent de les Flors 55
☎ 93 213 07 85 🕐 Ma · €

Este restaurante sirve guisos tradicionales etíopes con pan *injera* (pan plano etíope). Apto para vegetarianos.

4. Il Giardinetto

🅔 E1 🅐 C/La Granada del Penedès 28
🕐 Sá comidas, do 🔗 ilgiardinetto.es· €€

Este establecimiento tiene un decorado fantasioso inspirado en los jardines y sirve platos clásicos mediterráneos, como los *spaghetti alla Sofia Loren* (pasta con salsa de anchoas y perejil).

5. Bar Vall

🅕 F1 🅐 Plaça Rovira i Trias
☎ 93 213 34 24 · €

El Bar Vall, situado en una de las plazas más bonitas de Gràcia, sirve bocadillos, ensaladas y tapas, además de platos más sustanciosos.

6. Bonanova

🅐 C/Sant Gervasi de Cassoles 103
☎ 93 417 10 33 🕐 Lu-mi; do comidas
· €€

Lejos de las rutas turísticas, el Bonanova lleva desde 1964 sirviendo productos frescos y de temporada, cocinados de manera sencilla y tradicional.

7. La Balsa

🅐 C/Infanta Isabel 4 🕐 Do comidas
🔗 labalsa1979.com · €€

Con sus dos terrazas jardín, La Balsa es un lugar bonito en la zona de la Bonanova, que sirve buenos platos vascos, catalanes y mediterráneos.

8. Pappa e Citti

🅔 E1 🅐 C/Moliné 11 ☎ 687 657 111
🕐 Do · €

Estupenda cocina sarda a base de ingredientes naturales. Vale la pena probar sus panes, quesos, embutidos, guisos o pastas.

9. Fragments Café

🅐 Pl de la Concòrdia 12 ☎ 93 419 96 13
🕐 Lu · €€

La Plaça de la Concòrdia, en el distrito de Les Corts, conserva el atractivo de las pequeñas ciudades, y tiene una excelente oferta gastronómica. Sirve cócteles y tapas *gourmet* en la agradable terraza con jardín.

10. Botafumeiro

🅔 E1 🅐 C/Gran de Gràcia 81
🔗 botafumeiro.es · €€€

Las peceras de este restaurante especializado en marisco están llenas de cangrejos y langostas. Vale la pena el pulpo a la gallega. Hay que reservar.

LUGARES DE INTERÉS DE CATALUÑA

Cataluña, con sus arraigadas tradiciones, su idioma propio y su orgullosa identidad, es una tierra rica tanto en patrimonio cultural como en belleza natural. La costa ofrece preciosas playas, calas rocosas y aguas cristalinas, mientras que en el norte se elevan los picos de los Pirineos. Estos tesoros naturales van acompañados de hermosos monasterios e iglesias enclavados en paisajes de montaña. Además, su cocina es excelente y el cava local es un digno rival de su equivalente, el champán francés.

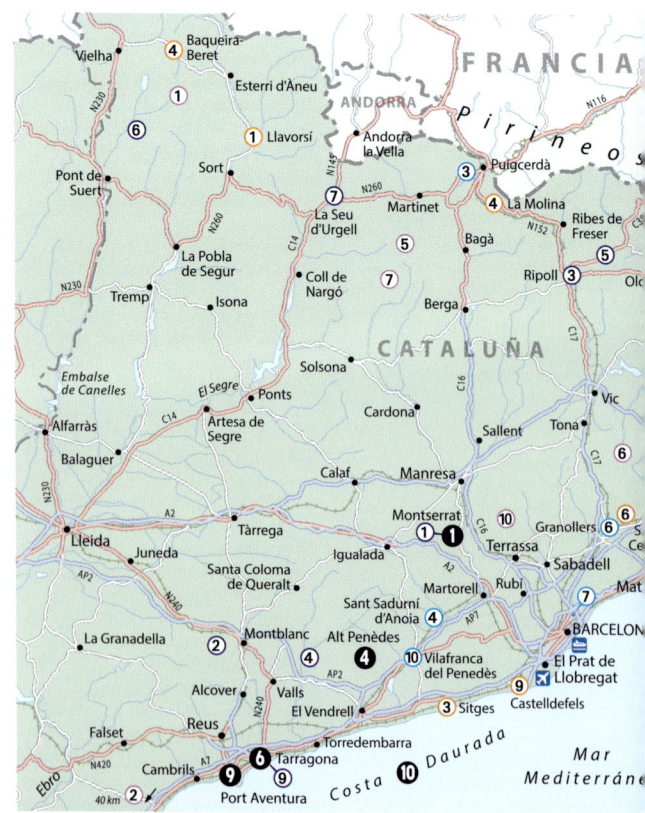

Para alojamientos en esta zona, ver p. 147

La montaña de Montserrat detrás del monasterio del mismo nombre

1 Montserrat

ℹ Pl de la Creu; montserratvisita.com

La espectacular montaña de Montserrat, con su remoto monasterio benedictino (que data de 1025), es un símbolo religioso y un lugar de peregrinación para los catalanes. La basílica alberga la estatua de la santa patrona de Cataluña, La Moreneta, es decir, la Virgen Negra *(p. 47)*. Según algunas leyendas, la figura de la virgen se remonta al año 50 d. C, pero los investigadores apuntan a que fue esculpida en el siglo XII. El monasterio sufrió daños muy graves y quedó prácticamente destruido en 1811, durante la Guerra de la Independencia, y se reconstruyó 30 años más tarde. Montserrat (que en catalán quiere decir "monte recortado") forma parte de una cresta montañosa que se levanta abruptamente sobre la llanura. Se puede coger el funicular para llegar a la cima, en la que hay senderos que recorren unas gargantas espectaculares y llevan a numerosas ermitas.

2 Teatre-Museu Dalí, Figueres

🏛 Teatre-Museu Dalí: Pl Gala-Salvador Dalí, Figueres **🕐** Los horarios varían, consultar la página web **🌐** salvador-dali.org

Salvador Dalí nació en la ciudad de Figueres en 1904. El Teatre-Museu Dalí rinde homenaje al artista y está repleto de obras excéntricas. Ocupa un antiguo teatro y es el segundo museo más visitado del país (después del Museo del Prado en Madrid). El lugar permite descubrir las creaciones del artista, desde *La cesta de pan* (1926) hasta *El torero alucinógeno* (1970). A 30 minutos en coche se encuentra la localidad costera de Cadaqués, donde se puede visitar la Casa-Museu Salvador Dalí, que, durante casi sesenta años, hasta su muerte en 1989, fue la residencia de verano del artista. Tanto el Teatro-Museo de Figueres como la Casa-Museo de Cadaqués son los principales atractivos del *triángulo de Dalí*. Este se completa con el castillo museo Gala Dalí en Púbol, que fue un regalo del pintor a su esposa.

Mapa

Perpiñán

0 km 20

e Boulou

La Jonquera

Portbou

Llançà

⑧ ⑩ ④ Cadaqués

Figueres ② ⑨ Roses

alú Bàscara

⑧ Empúries
L'Escala
② L'Estartit

Girona ⑦ ⑧ • Parlavà ⑧ ③

⑨ ⑤ Begur

✈ ①

Llagostera Palamós

⑤ • Sant Feliu de Guíxols

era • ⑧ Lloret de Mar

Blanes

ant Pol
e Mar

Costa Brava

Embarcaciones en la fotogénica bahía de Cadaqués

3 Costa Brava

La Costa Brava es un precioso tramo de costa mediterránea, que se extiende desde Blanes (a unos 60 km al norte de Barcelona) hasta la frontera francesa. Cuenta con algunos centros muy turísticos, como Lloret de Mar y Roses, pero muchas de las localidades, como Calella de Palafrugell y Tamariu, han conservado todo su encanto. Los mayores atractivos culturales son la ciudadela medieval que corona Tossa de Mar y el Museo Thyssen en Sant Feliu de Guíxols. La zona cuenta con unos caminos fantásticos junto al mar en los que hacer senderismo, los Camins de Ronda.

4 Alt Penedès

🛈 C/Hermengild Clascar 2, Vilafranca del Penedès; 🌐 penedesturisme.cat

La región vitivinícola más famosa de Cataluña es la comarca del Penedès, que se dedica a la producción del cava. Las marcas de cava de Cordoníu y Freixenet se han convertido en empresas muy conocidas en todo el mundo. Muchas de las bodegas de la zona están abiertas al público. Cordoníu es una de las más espectaculares, ya que ocupa un edificio modernista diseñado por Puig i Cadafalch y cuenta con 26 km de bodegas, repartidos en cinco plantas.

5 Begur y alrededores

🛈 Av Onze de Setembre 5; visitbegur.cat

La elegante Begur, situada en lo alto de una colina y coronada por un castillo en ruinas del siglo XIV, se asoma a unos humedales perfectamente conservados y a algunas de las calas más bonitas de la Costa Brava. La población se multiplica por cuatro en verano, ya que los visitantes la convierten en el punto desde el que explorar las playas cercanas y las aisladas calas de la zona. En muchas playas se organizan conciertos de música jazz durante el verano. Quizás sea este el mejor tramo de costa de toda Cataluña.

6 Tarragona

🛈 C/Major 39; tarragonaturisme.cat

Actualmente un enorme puerto industrial, fue la capital de la Cataluña romana y los principales atractivos de la ciudad se remontan a esa época. Los tesoros arqueológicos incluyen un impresionante anfiteatro y las bien conservadas murallas romanas que conducen al Museu Nacional Arqueològic (cerrado por reforma) y la Torre de Pilatos, en la que se supone que eran encarcelados los cristianos antes de ser arrojados a los leones. La catedral de Santa Tecla también está en Tarragona (p. 130).

7 Girona

🛈 Rambla de la Llibertat 1; girona.cat/turisme

Girona es una bonita ciudad rodeada de colinas cubiertas de densos bosques. Escondido en la ciudad antigua, el hermoso barrio judío, conocido como El Call, es uno de los enclaves medievales mejor conservados de Europa. Otro monumento que no hay que perderse es la catedral de Girona (p. 130).

8 Empúries

🏛 C/Puig i Cadafalch s/n, Empúries 🕐 10.00–17.00 diario (jun-sep: hasta 20.00; oct-med nov y med feb-may: hasta 18.00) 🌐 macempuries.cat ♿

Después de Tarragona, Empúries es el segundo yacimiento romano más importante de Cataluña. Situada junto al mar, abarca más de 40 ha de ruinas griegas y romanas, entre las cuales destacan los vestigios de la calle del mercado, varios templos y un anfiteatro romano. Es ideal para quienes quieran combinar un poco de historia con una zambullida en el mar.

9 PortAventura World

Av Pere Molas, Vila-seca, Tarragona Los horarios varían, consultar la página web portaventuraworld.com

Este parque temático está dividido en seis áreas, entre ellas las dedicadas al Lejano Oeste y la Polinesia, y tiene unas de las montañas rusas más grandes de Europa, además de una apasionante zona conocida como Ferrari Land.

10 Costa Daurada y Sitges

Pl Eduard Maristany 2, Sitges; visitsitges.com

Con sus amplias playas de arena y sus aguas poco profundas, la Costa Daurada es muy popular. La Torredembarra es una localidad turística familiar, pero la joya de la corona es Sitges, que en verano atrae a veraneantes de alto nivel adquisitivo de Barcelona y que además es un popular destino LGTBIQ+. Por el Passeig Marítim hay multitud de restaurantes y bares, y los edificios modernistas complementan las históricas casas encaladas de la zona.

Surferos paseando por una playa de Sitges

UN RECORRIDO PANORÁMICO

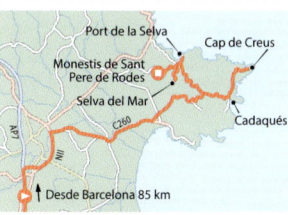

Port de la Selva · Cap de Creus
Monestir de Sant Pere de Rodes
Selva del Mar
Cadaqués
AP7 · C260 · NII
↑ Desde Barcelona 85 km

Mañana

Desde Barcelona toma la autopista AP7 hasta la salida 4 y luego la carretera C260 hacia **Cadaqués.** Justo antes de entrar en la localidad, para en el mirador y admira este antiguo pueblo de pescadores. Al llegar a Cadaqués, pasea por sus calles llenas de tiendas, en la que se ha convertido en una de las localidades costeras más de moda de Cataluña. Después de un chapuzón y de un café en alguna elegante terraza, toma la carretera que sale de Port Lligat y pon rumbo al faro del **Cap de Creus** (p. 131) –este tramo de la ruta está cerrado a los vehículos en verano–. Recorre el hermoso paisaje desolado de este cabo rocoso y luego da media vuelta hacia el Port de la Selva. La carretera serpentea interminablemente, pero el paisaje fabuloso te dejará sin palabras. Disfruta de una comida con marisco en Ca l'Herminda (C/Illa, 7), en el Port de la Selva, un pequeño pueblo rodeado de montañas.

Tarde

Pon rumbo a la localidad vecina de la Selva de Mar, con su pequeño río, para tomar un café en la terraza del Bar Stop (C/Port de la Selva, 1), antes de continuar hacia el **monasterio de Sant Pere de Rodes** (p. 130). Será tentador parar muchas veces mientras subes por la montaña para disfrutar de las vistas. Pero no lo hagas, porque la mejor vista se tiene desde el propio monasterio, una panorámica completa de toda la zona. Por toda la montaña hay numerosos senderos señalizados y vale la pena dar una vuelta para ver ponerse el sol lentamente sobre la bahía.

Iglesias y monasterios

El ábside con arcos apuntados del Monestir de Montserrat

1. Monestir de Montserrat

◰ Montserrat ◱ abadiamont
serrat.cat ◪

Este es el lugar más santo de Cataluña y su monasterio más visitado. Aquí hay espléndidas obras de arte románicas y la estatua de la Virgen Negra *(p. 127)*.

2. Monestir de Poblet

◰ Desvío de la N240, 10 km al O de Montblanc ◱ poblet.cat ◪

Este bello monasterio, que sigue en funcionamiento, contiene la capilla gótica de Sant Jordi, una iglesia románica y la Porta Daurada, una puerta que se recubrió de color dorado con motivo de la visita del rey Felipe II en 1564.

3. Monestir de Ripoll

◰ Ripoll ◱ monestirderipoll.cat ◪

El pórtico oeste de este monasterio (del año 879) tiene la mejor decoración escultórica románica de España. De las construcciones originales solo se conservan el pórtico y el claustro.

4. Monestir de Santes Creus

◰ Santes Creus, 25 km al NO de Montblanc ◷ Lu
◱ patrimoni.gencat.cat ◪

El claustro (1150) destaca por sus capiteles bellamente esculpidos por el artista inglés Reinard Fonoll. Estos capiteles incorporan elementos ingleses y catalanes.

5. Sant Joan de les Abadesses

◰ Sant Joan de les Abadesses
◱ santjoandelesabadesses.cat ◪

Este monasterio del siglo IX cuenta con una magnífica escultura románica que representa el descenso de la cruz.

6. Sant Climent i Santa Maria de Taüll

◰ 138 km al N de Lleida
◱ centreromanic.com

Estas dos iglesias románicas, que datan de 1123, son el ejemplo perfecto de las que pueden encontrarse en los Pirineos. Los frescos son reproducciones de los originales, que están en el MNAC de Barcelona *(p. 30)*.

7. Catedral de La Seu d'Urgell

◰ La Seu d'Urgell
◱ laseumedieval.com ◪

Esta catedral, construida en torno al año 1040, es una de las más elegantes de Cataluña.

8. Catedral de Girona

◰ Plaça de la Catedral s/n, Girona
◱ catedraldegirona.cat ◪

Esta catedral posee la nave gótica más ancha de Europa después de la basílica del Vaticano.

9. Catedral de Santa Tecla

◰ Casco antiguo, Tarragona
◱ tarragonaturisme.cat ◪

Con una 104 m de largo, la catedral de Tarragona es la más grande de la región. Su arquitectura es una mezcla de gótico y románico.

10. Monestir de Sant Pere de Rodes

◰ 22 km al E de Figueres ◷ Lu
◱ patrimoni.gencat.cat ◪

Encaramado en la roca, este monasterio, Patrimonio de la Humanidad por la Unesco, ofrece impresionantes vistas del Cap de Creus y el Port de la Selva.

Parques nacionales y reservas naturales

1. Parc Nacional d'Aigüestortes i Estany de Sant Maurici
🚗 148 hm al N de Lleida
🌐 parcsnaturals.gencat.cat/ca/xarxa-de-parcs

Los magníficos picos del único parque nacional de Cataluña son accesibles desde el pueblo de Espot. Encontrará cascadas, lagos y lagunas glaciales a 2.000 m de altura.

2. Delta de l'Ebre
🚗 28 hm al SE de Tortosa
Este delta es un mosaico de arrozales. La gran extensión creada por el río Ebro es una reserva natural para las aves migratorias y cuenta con multitud de observatorios desde las que divisarlas.

3. Parc Natural de la Zona Volcànica de la Garrotxa
🚗 40 hm al NO de Girona
La Garrotxa , hoy parque natural, entró en erupción hace 10.000 años. El mayor cráter es el de Santa Margalida, de 500 m de ancho. La mejor época para visitar la zona es la primavera.

4. Cap de Creus
🚗 36 hm al E de Figueres
Los Pirineos crean un cabo rocoso que es el punto más oriental de Cataluña y ofrece unas vistas espectaculares de su costa.

5. Parc Natural del Cadí-Moixeró
🚗 20 hm al E de La Seu d'Urgell
Esta sierra, cubierta de un manto de coníferas y robles, cuenta con una vegetación exuberante. Varios de sus picos superan los 2.000 m de altura.

6. Parc Natural del Montseny
🚗 48 hm al NO de Barcelona
🌐 parcs.diba.cat/es/web/montseny

Estas montañas boscosas son el parque natural más accesible de Cataluña y son ideales para los senderistas y los practicantes del ciclismo de montaña, ya que cuentan con una red muy amplia de senderos. Suba al popular y bien señalizado Turó de l'Home, que es el pico más alto del parque.

7. Massís de Pedraforca
🚗 64 hm al N de Manresa
🌐 parcsnaturals.gencat.cat/ca/xarxa-de-parcs

Este macizo montañoso está rodeado por una reserva natural y es uno de los lugares favoritos de los escaladores.

8. Serra de l'Albera
🚗 15 hm al N de Figueres
El macizo de la Albera cuenta con dólmenes, santuarios románicos y una de las últimas colonias de tortugas del Mediterráneo.

9. Parc Natural dels Aiguamolls de l'Empordà
🚗 15 hm al E de Figueres
Esta reserva natural cuenta con numerosas torres de observación de aves. Las situadas en la Laguna de Vilalt y La Bassa de Gall Marí permiten ver garzas, gallinetas y otras especies de aves que anidan aquí en primavera.

10. Parc Natural de Sant Llorenç del Munt
🚗 12 hm al E de Manresa
🌐 parcs.diba.cat/web/santllorenc

Cercano a Barcelona, este parque lo habitan grandes cantidades de jabalíes. Suba hasta el Cerro de la Mola para ver el monasterio románico, que ahora es un restaurante.

Una garza imperial con su captura en el Delta de l'Ebre

Actividades al aire libre

1. Rafting y kayak
Uno de los mejores ríos de Europa para el descenso de aguas bravas (*raftingpallars.com*) es el Noguera Pallaresa, en los Pirineos. La mejor época para ir es a finales de la primavera, cuando la nieve de las montañas empieza a deshacerse.

2. Submarinismo
La Reserva Natural de las Illes Medes cuenta con arrecifes de coral y miles de especies de peces. Hay embarcaciones de suelo de cristal (*barcanuria.com*) respetuosas con el medio ambiente para quienes no bucean. Conviene llevar protector solar respetuoso con el medio ambiente.

3. Deportes acuáticos y vela
Sitges es un lugar perfecto desde el que navegar (*clubmarsitges.com*), dispone de servicios de alquiler de barcos y de clases para principiantes. También se puede practicar piragüismo y windsurf.

4. Esquí
La Molina (*lamolina.cat*) es la estación de esquí de los Pirineos más fácilmente accesible desde Barcelona, pero es en Baqueira-Beret (*baqueira.es*) donde se concentra la alta sociedad. Las dos ofrecen todos los niveles de esquí (incluido fuera de pista) a partir del mes de diciembre.

5. Golf
La Costa Brava es uno de los mayores destinos de golf de Europa; los mejores campos están alrededor de Platja d'Aro (*golfdaro.com*) y Santa Cristina d'Aro (*golfcostabrava.com*).

6. Equitación
El Parque Natural del Montseny (*p. 131*) es ideal para practicar equitación (*hipicacantramp.es*), ya que cuenta con numerosos centros hípicos.

Deportes náuticos en Castelldefels

7. Viajes en globo
Un viaje en globo (*voldecoloms.cat*) por la zona volcánica de La Garrotxa es una forma inmejorable de descubrir a vista de pájaro el hermoso paisaje catalán.

8. Viajes en barco
Vale la pena tomar un barco (*dofijetboats.com*) desde Calella y Blanes por la Costa Brava, parando en la ciudad antigua y el castillo medieval de Tossa de Mar. Los barcos salen cada hora de Blanes y Lloret de Mar y dos veces diariamente desde Calella. No hay servicio entre octubre y marzo.

9. Actividades en el Canal Olímpic
Creado para las competiciones de remo de los Juegos Olímpicos de 1992, el magnífico Canal Olímpic (*canalolimpic. cat*) es actualmente un complejo de ocio que propone numerosas actividades.

10. Recolección de setas
Desde finales de septiembre hasta finales de octubre, miles de catalanes se lanzan a las montañas para buscar los preciados níscalos (una seta comestible). Algunas variedades de setas son venenosas, así que los aficionados deben conseguir antes una guía fiable, como la de la Diputació de Barcelona (*diba.cat*).

Dónde comer

PRECIOS

Una comida de tres platos con media botella de vino (o equivalente), servicio e impuestos incluidos.

€ menos de 35 € €€ 35-50 € €€€ más de 50 €

1. Tragamar

Passatge Jimmy Rena s/n, Calella de Palafrugell Invierno grupotragaluz.com/restaurantes/tragamar · €€

Conviene reservar con antelación una mesa en la terraza o junto a las ventanas y disfrutar de sus magníficos platos de marisco, como el carpacho de atún o el arroz con bogavante.

2. Les Cols

Mas les Cols, Ctra de la Canya s/n, Olot Lu y ma, y do cenas lescols.com · €€€

El restaurante con dos estrellas Michelin Les Cols prepara una cocina española contemporánea con productos de temporada, y la sirve en un entorno moderno sorprendente.

3. TR1910, La Torre del Remei

Camí del Remei 3, Bolvir, Cerdanya · €€

Un palacio modernista proporciona un entorno elegante para una comida catalana maravillosamente presentada.

4. Cal Ticus

C/Raval 19, Sant Sadurní d'Anoia Cenas, lu y ma ticusrestaurant.cat · €

Este restaurante sirve cocina tradicional hecha con productos de temporada. La carta de bebidas incluye una buena selección de vinos del Penedès, que también se pueden comprar en su tienda.

5. Lasal de Varador

Pg Marítim 1, Mataró Dic-feb lasaldelvarador.com · €€

Este restaurante de playa sirve arroces, marisco y gran variedad de platos, a base de ingredientes ecológicos y sostenibles.

6. Fonda Europa

C/Anselm Clavé 1, Granollers hotelfondaeuropa.com · €€

Fundada en 1771, la Fonda Europa fue el primero de una lista de restaurantes catalanes de éxito. Los platos incluyen las manitas de cerdo y un guiso catalán con carne y verduras.

7. Els Pescadors

Muelle Pesquero s/n, Arenys de Mar · €

Situado en la lonja, este restaurante no puede ofrecer pescado más fresco. Tiene terraza con vistas a los barcos amarrados en el puerto. Conviene reservar los fines de semana.

8. Toc Al Mar

Pl d'Aiguablava, Begur tocalmar.cat · €

Situado en una playa de la Costa Brava, este restaurante tiene mesas en la arena. Ofrece marisco a la plancha, como gambas de Palamós, además de otros platos mediterráneos.

9. El Celler de Can Roca

C/Can Sunyer 48, Girona Lu; ma comidas; do cellercanroca.com · €€€

La fantástica cocina de los hermanos Roca se completa con unos vinos excelentes. El restaurante tiene tres estrellas Michelin y una lista de espera de 11 meses.

10. Cal Ton

C/Casal 8, Vilafranca del Penedès Los horarios varían, consultar la página web restaurantcalton.com · €€

Cocina contemporánea en el corazón de la mayor región vitivinícola de Cataluña. Pida el menú degustación.

Terraza de Els Pescadors

DATOS ÚTILES

Azulejos de un banco en el Park Güe

CÓMO LLEGAR Y MOVERSE

Ya sea a pie o en transporte público, aquí está toda la información necesaria para recorrer la ciudad y sus alrededores como un barcelonés.

DE UN VISTAZO

PRECIO DEL TRANSPORTE PÚBLICO

METRO

2,65 €

Billete sencillo

AUTOBÚS

2,65 €

Billete sencillo

METRO, AUTOBÚS, TREN DE CERCANÍAS

11,55 €

Billete combinado todo el día

LÍMITES DE VELOCIDAD

AUTOPISTA

120 km/h

AUTOVÍA

120 km/h

CARRETERA SECUNDARIA

90 km/h

VÍAS URBANAS

30 km/h

Llegada en avión

La mayoría de los vuelos llegan al aeropuerto **Josep Tarradellas Barcelona-El Prat,** situado 16 km al oeste de la ciudad. El aeropuerto tiene dos terminales, unidas por un autobús lanzadera. Además de a Madrid, hay vuelos a otras capitales de provincia y a los aeropuertos de Lleida-Alguaire, Reus, Girona-Costa Brava y Andorra-La Seu. Barcelona recibe vuelos directos desde las principales capitales, así como desde otras capitales de países latinoamericanos. Para ver la información sobre cómo llegar y salir del aeropuerto, consulta la página siguiente.
Josep Tarradellas Barcelona-El Prat
W aena.es

Llegada en tren internacional

Los servicios ferroviarios los gestiona **Renfe** y la compañía perteneciente al Gobierno catalán, FGC (Ferrocarrils de la Generalitat de Catalunya).

Existen varias líneas que conectan España con Francia y de ahí a Londres, Bruselas, Ámsterdam, Génova, Zúrich y Milán. Los trenes Talgo de Renfe procedentes de París, Milán, Génova y Zúrich llegan a la estación de Sants.
Renfe
W renfe.com

Trenes de alta velocidad, regionales y de cercanías

Entre Barcelona y Madrid operan los Talgo y los trenes de alta velocidad de Renfe, que conectan ambas ciudades en tres horas. También funcionan los operadores Ouigo, Iryo y la filial de Renfe Avlo, la alta velocidad, une Barcelona con Sevilla y Málaga en cinco horas y media. Los trenes de largo recorrido son baratos pero lentos. Los regionales y cercanías pasan con frecuencia y son baratos.

Autocares de largo recorrido

Varias compañías de autocares, entre las que destaca **Alsa,** conectan Barcelona con las principales ciudades españolas.

La mayoría de autocares salen de la Estació del Nord y desde Sants. Varias empresas organizan recorridos en autocar de un día o más por Cataluña. Los detalles pueden verse en **Turisme de Catalunya.**

Alsa

w alsa.es

Turisme de Catalunya

w catalunyaturisme.cat

Transporte público

Dentro de las ciudades pequeñas y pueblos de Cataluña los desplaza-mientos en transporte público se suelen hacer en autobús, pero en las grandes urbes hay otras opciones. Barcelona, **Girona, Tarragona** y **Lleida** cuentan con buenos servicios de autobuses (las webs municipales ofrecen información actualizada). Barcelona tiene una red de metro bien gestionada y trenes suburbanos de **FGC** que gestiona **TMB** (Transports Meropolitans de Barcelona). Su página web interactiva es útil, y también tiene una *app*. Ambas proporcionan información sobre viajes, rutas, mapas y horarios. También puede obtenerse información en las estaciones. En las principales oficinas de turismo hay mapas de las líneas de autobuses.

FGC

w fgc.cat

Girona

w girona.cat

Lleida

w atmlleida.cat

Tarragona

w emtanemambtu.cat

TMB

w tmb.cat

Billetes

Hay billetes y tarjetas que permiten ahorrar dinero en los desplazamientos. Además del billete sencillo para autobús, metro y FGC, el T-Casual es el más útil para los visitantes ya que permite diez viajes en la zona 1 en tren de FGC, autobús y metro (se puede cambiar de un transporte a otro en los 75 minutos posteriores a validar el billete). Con los T-Dia y T-Mes se puede viajar de forma ilimitada durante un día o un mes, respectivamente.

También es posible viajar de forma ilimitada con la tarjeta **Hola Barcelona.** Hay opciones para dos, tres, cuatro y cinco días (16,29 €, 23,67 €, 30,96 € y 37,83 € si se adquieren *online*); ofrecen trayectos ilimitados en metro, FGC y autobús. Las tarjetas incluyen también un suplemento para los desplazamientos al y desde el aeropuerto.

Hola Barcelona Travel Card

w holabarcelona.com

TRANSPORTE AL AEROPUERTO

Aeropuerto	Transporte	Tiempo de trayecto	Precio
Barcelona El Prat Josep Tarradellas	Taxi	20 min	35-45 €
(Terminales 1 y 2)	Aerobús	35 min	7,25 €
(Terminales 1 y 2)	Metro	45 min	5,70 €
(Terminal 2)	Cercanías	30 min	2,65 €

Metro

Las ocho líneas de metro son la opción más rápida para desplazarse por Barcelona. Las pantallas del andén muestran la última parada a la que llega el convoy. Un cartel de Renfe o FGC en una estación de metro indica que tiene conexión con cualquiera de las dos redes. El metro funciona desde la 5.00 hasta las 24.00 de lunes a jueves, desde las 5.00 hasta las 2.00 los viernes y víspera de festivo y toda la noche los sábados.

La línea 9 de metro conecta la ciudad con el aeropuerto, y para en las terminales 1 y 2. Se cobra un suplemento y no sirven las tarjetas T-10 y similares. Sin embargo, la tarjeta Hola Barcelona incluye el suplemento del aeropuerto.

Autobús

Los autobuses son el modo más habitual de desplazarse por la región, pero los horarios pueden ser erráticos. Muchos servicios no se prestan después de las 22.00, pero en las ciudades hay servicios nocturnos.

En Barcelona, los autobuses urbanos son blancos y rojos. Si empiezan por H (horizontal) van de un lado a otro de la ciudad, y si lo hacen por V (vertical) la recorren de arriba a abajo. Los que comienzan por D discurren en diagonal. Las rutas del Nitbús (autobús nocturno) suelen funcionar desde las 22.30 hasta las 5.00. Para más información sobre horarios y rutas se puede acudir a la oficina de turismo de Plaça de Catalunya o consultar la página web y la *app* de TMB.

El **Aerobús**, de propiedad privada, funciona entre la Plaça de Catalunya y el aeropuerto de Barcelona-El Prat. Los billetes del transporte público no valen para el Aerobús.

Aerobús
🆆 aerobusbarcelona.es

Tranvía

Barcelona tiene dos amplias redes de tranvía, el Trambaix (T1, T2, T3) y el Trambesòs (T4, T5, T6), operados por **TRAM.** Los horarios pueden verse en su página web.

TRAM
🆆 tram.cat

Cercanías

Renfe opera la red de rodalies (cercanías), que es útil para desplazarse grandes distancias por la ciudad, especialmente entre las estaciones de tren de Sants y Estació de França. También lleva a poblaciones costeras de los alrededores, como Sitges. Hay mapas en las estaciones o en la página web y *app* de Renfe. Los trenes funcionan entre las 5,30 y las 23.30 todos los días, pero los horarios varían. Los trenes de FGC llegan al Tibidabo, Pedralbes y los barrios de Collserola.

Taxis

Los taxis son de color amarillo y negro; una luz verde en el techo indica que está libre. Todos los taxis cuentan con taxímetro y la bajada de bandera son unos 2,75 €. La tarifa se incrementa entre las 20.00 y las 8.00, además de los fines de semana y festivos. Existe un suplemento (4,50 €) al aeropuerto y al muelle Moll Adossat. Los taxis se paran en la calle o a través de las *apps* de **Free Now** y **Radio Taxi. Taxi Amic** ofrece vehículos adaptados para sillas de ruedas (previa reserva). También hay servicios de transporte como Uber en Barcelona.

Free Now
🆆 free-now.com
Radio Taxi
🆆 radiotaxi033.com
Taxi Amic
🆆 taxiamic.cat

En coche

Si se dispone de coche propio, se debe llevar el permiso de conducir, el permiso de circulación y la tarjeta de la Inspección Técnica del Vehículo (ITV). También conviene acreditar la vigencia del seguro del coche, si bien no es obligatorio llevar el documento físicamente.

Llegada en coche

Se puede llegar a Cataluña desde Europa a través de Francia. La forma más directa es en autopista por Hendaya, en el oeste, o La Jonquera, en el este. Portbou es un acceso costero, pero también se puede entrar a la región a través del Val d'Arán, Andorra y Puigcerdá, en la Cerdanya. Para llegar a Barcelona desde cualquier punto de España, se puede utilizar la red de autopistas y carreteras nacionales, como la AP-7 o la C-32.

Hay que recordar que la diferencia entre las autopistas y las autovías es que las primeras tienen un peaje.

Las carreteras nacionales se identifican por la letra N, mientras que las comarcales llevan delante la letra C.

La autovía N-2 une Madrid con La Junquera, en la frontera oriental con Francia, y pasa por Lleida, Barcelona y Girona.

Conducir en Barcelona

Las calles estrechas y las vías de un único sentido son complicadas y además es difícil aparcar. Barcelona tiene un sistema de aparcamiento regulado entre las 9.00 y las 14.00 y las 16.00 y las 20.00 de lunes a viernes y todo el día el sábado. En la zona azul se puede aparcar por entre unos 2,50-3,75 € la hora. Los tiques hay que renovarlos cada dos horas. La zona verde está destinada a residentes, pero puede usarse con restricciones. En los aparcamientos subterráneos, *lliure* significa que hay sitio. No se puede aparcar donde hay una línea amarilla o un vado (*gual*). Donde hay una señal azul y roja con la indicación 1-15 y 16-30 no se puede aparcar en esos días del mes.

Alquiler de coche

Para alquilar un coche en Barcelona hay que tener una tarjeta de crédito válida. Algunas empresas cobran un suplemento a los conductores menores de 25 años. La mayoría de las agencias de alquiler internacionales tienen oficina en el aeropuerto **Josep Tarradellas Barcelona-El Prat** y en otras partes de la ciudad.

Normas de circulación

Para girar a la izquierda en un cruce cuando viene tráfico de frente, puede ser necesario girar a la derecha hasta la próxima calle principal. Si se coge el sentido equivocado en una carretera, hay que esperar al próximo cambio de sentido. En los cruces se da paso al vehículo que viene por la derecha a menos que se indique lo contrario.

En bicicleta

Barcelona tiene un número creciente de carriles bici que dan acceso a la mayoría de los lugares de interés de la ciudad. Hay tiendas de alquiler de bicicletas, como **Un Cotxe Menys.** Conviene limitarse a los carriles bici, porque no es muy seguro circular por la calzada.

El servicio de alquiler público de bicicletas **Bicing** es solo para residentes. Hay varias empresas que alquilan bicicletas por unos 10 € dos horas a 60 € la semana.

Muchos lugares de alquiler también ofrecen recorridos por la ciudad. **Bike Tours Barcelona** tiene varias rutas temáticas, como una modernista y otra por la playa. **Steel Donkey** se centra en el lado más extravagante de la ciudad.

Bicing
🅦 bicing.barcelona
Bike Tours Barcelona
🅦 biketoursbarcelona.com
Steel Donkey
🅦 steeldonkeybiketours.com
Un Cotxe Menys
🅦 biketoursbarcelona.com

A pie

La mayoría de las zonas se ven mejor a pie, sobre todo la ciudad vieja y Gràcia, donde solo con un agradable paseo se puede disfrutar plenamente de las riquezas arquitectónicas y culturales. La oficina de turismo de Barcelona ofrece excelentes recorridos temáticos a pie. Su página web muestra las rutas disponibles, además de un descuento si se contratan *online*.

INFORMACIÓN PRÁCTICA

Conocer la información local ayuda a moverse por Barcelona. Aquí están todos los consejos e información esencial que pueden resultar necesarios durante la estancia.

DE UN VISTAZO

MONEDA
Euro (EUR)

GASTO MEDIO DIARIO

BAJO	MEDIO	ALTO
80 €	150 €	+200 €

AGUA MINERAL	CAFÉ	CERVEZA	CENA PARA DOS
0,80 €	1,70 €	3 €	50 €

FRASES ÚTILES

Hola	Hola
Adiós	Adéu
Por favor	Si us plau
Gracias	Gràcies
No comprendo	No ho entenc

ENCHUFES

Las tomas de los enchufes tienen dos clavijas redondas. La corriente es de 230 voltios.

Documentación

Para conocer si es necesario visado de entrada al país, los viajeros de fuera de la UE pueden consultar la web del **Ministerio de Asuntos Exteriores** o acudir a la embajada española más próxima.

Los ciudadanos de la Unión Europea pueden permanecer en España hasta tres meses sin registrarse. Los de Reino Unido, Estados Unidos, Canadá, Australia y Nueva Zelanda pueden visitar el país sin visado hasta 90 días. Conviene enterarse de si se necesita el nuevo permiso de viajes europeo **ETIAS.**

ETIAS
etiasvisa.com
Ministerio de Asuntos Exteriores
🅦 exteriores.gob.es

Consejos oficiales

Es importante consultar antes de viajar los avisos del Gobierno español y del Gobierno del país de origen, si se viaja desde fuera de España.

En la página web del **Ministerio de Sanidad** se puede encontrar información actualizada sobre seguridad, salud y regulaciones locales.
Ministerio de Sanidad
🅦 sanidad.gob.es

Información de aduanas

Se puede encontrar información sobre las leyes relativas a bienes y divisas introducidas o sacadas de España en la web de **Turespaña** (organismo oficial de turismo).
Turespaña
🅦 tourspain.es/es/

Seguro de viaje

Es recomendable contratar un seguro de viaje que cubra el robo o pérdida de objetos personales y los retrasos o cancelaciones durante la estancia. Se recomienda revisar siempre la letra pequeña.

La **Tarjeta Sanitaria Europea (TSE)** da derecho a los ciudadanos europeos a la atención sanitaria de urgencia siempre que se presente al principio.
Tarjeta Sanitaria Europea (TSE)
🅦 seg-social.es

Vacunas
No se necesitan.

Dinero
La mayoría de los establecimientos aceptan las principales tarjetas de crédito, débito y prepago. El sistema de pago *contactless* es frecuente en las ciudades, pero es buena idea llevar dinero en efectivo para pequeños pagos. Hay numerosos cajeros automáticos, pero algunos cobran por retirar dinero.

La propina no es obligatoria, pero suele dejarse para redondear la cuenta en servicios como los taxis. A los camareros se les suele dejar un 5-10 % del total de la cuenta, mientras que a los botones de los hoteles se les suele dar 1-2 € por bulto.

Viajeros con necesidades específicas
La **Confederación Española de Personas con Discapacidad Física y Orgánica (COCEMFE), Tourism For All** y **Accessible Spain** ofrecen información útil.

El transporte público está, por lo general, bien adaptado y cuenta con sillas de ruedas, lavabos accesibles, rampas y plazas reservadas de aparcamiento en aeropuertos y estaciones. El metro tiene información en braille proporcionada por la **Organización Nacional de Ciegos (ONCE).**
Accessible Spain
🅦 accessiblespaintravel.com
COCEMFE
🅦 cocemfe.es
ONCE
🅦 once.es
Tourism For All
🅦 tourismforall.org

Idioma
En Cataluña, las dos lenguas oficiales son el castellano y el catalán. En las ciudades y otros lugares turísticos se habla inglés de forma generalizada, aunque puede que no sea el caso en zonas rurales.

Horarios
Muchas tiendas y algunos museos y edificios públicos cierran a mediodía, entre las 13.00 y las 17.00. Los grandes almacenes y los establecimientos de mayor tamaño no cierran para comer y suelen abrir de 9.00 a 22.00.

Muchos museos, edificios públicos y monumentos cierran los lunes.

Los horarios de los museos pueden cambiar en función de la estación, por lo que conviene consultar su página web antes.

Los domingos no suelen estar permitidas las visitas de iglesias y catedrales durante la misa.

Algunos transportes públicos circulan con menos frecuencia.

La mayoría de los museos, edificios y muchas tiendas cierran antes o no abren los siguientes días festivos: Año Nuevo, Reyes (6 ene), Viernes Santo, Lunes de Pascua, Día de Sant Jordi (23 abr), Día del Trabajo (1 may), Día de Sant Joan (24 jun), Día de la Virgen de Agosto (15 ago), Diada Catalana (11 sep), Día de la Hispanidad (12 oct), Día de Todos los Santos (1 nov), Día de la Constitución (6 dic), Día de la Inmaculada Concepción (8 dic), Navidad (25 dic) y Día de Sant Esteve (26 dic).

Las circunstancias pueden cambiar repentinamente. Antes de visitar museos, monumentos u otros lugares de interés, consulte los horarios actualizados y las formalidades de reserva.

Seguridad personal

Barcelona es una ciudad bastante segura, aunque siguen siendo un problema los delitos menores, como los hurtos de los carteristas y los robos de los tironeros. Es recomendable dejar los objetos de valor, incluido el pasaporte, en la caja de seguridad del hotel. Hay que tener especial cuidado en mercados, lugares turísticos y estaciones, y llevar bolsas y cámaras pegadas al cuerpo, no en el hombro. Conviene tener especial cuidado al subir o bajar del tren o el metro.

Para presentar una denuncia, hay que ir a la comisaría más cercana. Lo habitual es dirigirse a los Mossos d'Esquadra o a la Policía Nacional.

En caso de robo del pasaporte o un incidente de gravedad, hay que acudir a la comisaría más cercana.

En general, los catalanes son abiertos, independientemente de la raza, género o sexualidad. La homosexualidad es legal desde 1979 y en 2005 España se convirtió en el tercer país del mundo en reconocer las uniones entre personas del mismo sexo. Desde 2007 se permite el derecho a cambiarse legalmente de sexo. Barcelona tiene una pujante escena LGTBIQ+ en torno al *Gaixample* (en L'Eixample). Si se siente inseguro se puede contactar con **Safe Space Alliance**, que indicará el lugar de acogida más cercano.

Mossos d'Esquadra
📞 112
Policía Nacional
📞 091
Safe Space Alliance
🅦 safespacealliance.com

Salud

Los titulares de la **Tarjeta Sanitaria de la Seguridad Social** que visiten Barcelona desde otras comunidades tienen derecho a recibir las mismas prestaciones sanitarias que los residentes en la Comunidad Autónoma de Cataluña. Antes de salir de casa, conviene comprobar la fecha de validez de la tarjeta para asegurarse de que está en vigor. También es conveniente llevar cualquier receta que se necesite para los medicamentos que se tomen. El agua es potable, salvo que se indique lo contrario.

Para dolencias menores, lo mejor es ir a una farmacia. Las identificará por una gran cruz de color rojo o verde. Cuando están cerradas, cuelgan un cartel con la ubicación de la farmacia de guardia más cercana.

Tarjeta Sanitaria de la Seguridad Social
🅦 seg-social.es

Tabaco, alcohol y drogas

Está prohibido fumar en espacios públicos cerrados y en playas, bajo pena

DE UN VISTAZO

NÚMEROS DE EMERGENCIA

EMERGENCIAS EN GENERAL

112

HORARIOS

Los horarios de los monumentos pueden variar de una estación a otra, así que conviene consultar antes.

AGUA DEL GRIFO

El agua del grifo es potable, a menos que se indique lo contrario.

PÁGINAS WEB Y *APPS*

Visit Barcelona
La página web de turismo de la ciudad (*barcelonaturisme.com*).
Catalunya Turisme
La página web de turismo de Cataluña. (*catalunyaturisme.cat*).
Moovit
Una *app* para planificar rutas que incluye el transporte público.
WiFi Map
Disponible en su web o en la aplicación, encuentra los accesos wifi más cercanos. (*wifimap.io*).

de multa, aunque es posible hacerlo en las terrazas de bares y restaurantes.

En España hay una actitud relajada frente al consumo de alcohol, pero está mal visto estar ebrio.

La mayoría de las drogas son ilegales, y su posesión está penada por la ley. Los clubes de cannabis suministran la droga a sus miembros, pero sigue siendo ilegal fumar en espacios públicos.

Carné de identidad
Es obligatorio llevar encima la documentación, pero debería bastar una fotocopia del DNI o pasaporte. En caso de que la policía le pida identificarse y no lleve encima el carné, tendría que acudir a una comisaría con el original.

Turismo responsable
La crisis climática está teniendo un gran impacto en Barcelona, con frecuentes sequías y olas de calor. Puede cortarse el agua de las fuentes, ya sean de agua potable o de decoración, y suspenderse los espectáculos de la Font Màgica. Se puede aportar un granito de arena duchándose rápido y reutilizando las toallas del hotel. Cataluña también está en riesgo de incendios, por lo que hay que tener cuidado con las colillas de cigarrillos y las botellas de vidrio; provocar un incendio, aunque sea por accidente, es delito. Barcelona es uno de los destinos más populares de Europa, con multitud de visitantes en verano. Considere visitarla fuera de temporada para disfrutar de la ciudad sin aglomeraciones. También hay que tener en cuenta que Barcelona es una ciudad vibrante y llena de vida, se debe ser respetuoso y evitar hacer ruido al anochecer.

Costumbres
El sentimiento nacionalista tiene mucha fuerza en Cataluña, y algunos catalanes no se consideran españoles.

Visitar iglesias y catedrales
La entrada a las iglesias es gratuita, aunque se puede cobrar por acceder a zonas como los claustros. Hay que vestirse de forma recatada y cubrirse los hombros y las rodillas.

Teléfonos móviles y wifi
Es habitual que el wifi sea gratuito en bibliotecas y espacios públicos grandes. Algunos sitios, como aeropuertos y hoteles, pueden cobrar por el uso. El ayuntamiento ofrece wifi gratis en buena parte del centro y en las estaciones y autobuses, pero la banda ancha es limitada. La página web y *app* **WiFi Map** ayuda a encontrar los puntos de acceso más cercanos.

Quienes procedan de un país de la Unión Europea pueden usar sus 4G y 5G sin verse afectados por las tarifas de itinerancia.
WiFi Map
Ⓦ wifimap.io

Correos
Las principales oficinas del servicio postal español, **Correos,** suelen estar abiertas de 8.30 a 20.30, de lunes a viernes, y de 9.30 a 13.00 los sábados. Las oficinas de las afueras y de los pueblos abren de 9.00 a 14.00 durante la semana y de 9.30 a 13.00 los sábados. Los buzones están pintados de color amarillo brillante.
Correos
Ⓦ correos.es

Impuestos y devoluciones
El IVA general es del 21 %, pero se pueden aplicar tarifas reducidas a ciertos productos y servicios, como hoteles y restaurantes. En algunos casos, los ciudadanos que no residan en la UE pueden reclamar que se les devuelvan estos impuestos. El vendedor proporciona un formulario que hay que rellenar y presentar en la aduana al salir del país. Si la tienda ofrece la tecnología DIVA, se puede rellenar el formulario y validarlo automáticamente en las máquinas que hay en el aeropuerto.

Tarjetas de descuento
La tarjeta **Barcelona Card,** que incluye la entrada a los principales museos y viajes ilimitados en transporte público, tiene también descuentos en los restaurantes, tiendas y sitios participantes. Esta tarjeta permite igualmente evitar colas. Es válida para 72 (57 €), 96 (67 €) o 120 (79 €) horas.
Barcelona Card
Ⓦ barcelonacard.org

DÓNDE ALOJARSE

Ya sea en un deslumbrante hotel de diseño o en una casa acogedora, Barcelona tiene un alojamiento para cada tipo de viajero en cada uno de los barrios de la ciudad.

Los precios suelen ser más altos en Semana Santa, Navidad y en verano, pero las temporadas abril-mayo y septiembre-octubre son ideales gracias al menor número de visitantes y a las suaves temperaturas. Hay que pagar una tasa turística (para mayores de 17 años, máximo 7 días) que varía en función del tipo de alojamiento.

PRECIOS

Por habitación doble (con desayuno, si está incluido), impuestos y otros cargos

€ menos de 250 €
€€ 250-450 €
€€€ más de 450 €

Barri Gòtic y La Ribera

Soho House
Q L6 **A** Pl del Duc de Medinaceli 4 **W** sohohouse.com/es/houses/soho-house-barcelona · €€€

Fabulosa casa del siglo XVIII frecuentada por famosos. Cuenta con techos abovedados y un estilo que combina azulejos catalanes y colores mediterráneos. Las lujosas instalaciones incluyen un *spa* y un gimnasio, un cine con lujosas butacas de terciopelo y un bar en la azotea para observar las estrellas (con discreción).

Kimpton Vividora
Q M2 **A** Carrer del Duc 15 **W** himptonvividorahotel.com · €€€

Nada como este hotel de moda para satisfacer los deseos del huésped, ya sea alquilar un monopatín, contratar un concierto o acudir con una mascota. Se aceptan todo tipo de animales, siempre que quepan en el ascensor.

Hotel Barcelona Catedral
Q M3 **A** Carrer dels Capellans 4 **W** barcelonacatedral.com · €€

No hay nada más céntrico que este acogedor hotel en el corazón del Barrio Gótico. Dispone de habitaciones a buen precio más espaciosas que la mayoría y todas insonorizadas. Ideal para aislarse del característico bullicio de Barcelona.

Chic&Basic Habana Hoose
Q N4 **A** C/de l'Argenteria, 37 **W** chicandbasic.com/es/hotel-habana-hoose-barcelona · €€

Cuba y Escocia no son una combinación obvia, pero se mezclan a la perfección en este excéntrico hotel situado en una mansión del siglo XVIII. Los toques cubanos pueden ser más difíciles de encontrar, pero no hay que perderse los detalles de tartán en los paneles verdes de las habitaciones (incluso el ascensor está forrado de tartán).

H10 Cubik
Q N2 **A** Via Laietana 69 **W** h10hotels.com · €€

En H10 son expertos en ayudar a los huéspedes a relajarse tras un largo día. Te reciben con una copa de cava. Tras la primera copa, se puede subir al bar de la azotea para probar el cóctel emblemático del hotel y unas tapas viendo ponerse el sol tras los edificios circundantes.

Ciutat de Barcelona
Q P4 **A** C/Princesa 33-35 **W** ciutatbarcelona.com · €

Si se desea estar en el centro, vale la pena escoger el Ciutat de Barcelona. Una vez traspasas su umbral, te encontrarás en medio de *boutiques* independientes y cafés y bares de moda del barrio del Born. Otro aliciente es que el Museo Picasso está a la vuelta de la esquina.

Motel One Barcelona Ciutadella
Q Q3 **A** Pg. de Pujades 11-13 **W** motel-one.com · €

Desde fuera, este hotel parece poca cosa, pero el

interior es muy artístico. Cuenta con vistosos murales de la ilustradora Lara Costafreda, con escenas de la jungla y lugares famosos que dan a cada habitación un toque único. El vestíbulo está decorado con madera tallada y tejidos, además de plantas.

El Raval

Casa Camper
📍 L2 🏠 C/Elisabets 11
🌐 casacamper.com · €€€

Casa Camper, propiedad de la firma de calzado del mismo nombre, fue uno de los primeros hoteles de la ciudad que dio prioridad a la sostenibilidad. Cuenta con un bufé durante todo el día y un bar de la honestidad en lugar de un minibar en la habitación, artículos de aseo rellenables y abundante vegetación en la zona de relax.

Hotel Bagués
📍 M2 🏠 La Rambla 105
🌐 hotelbagues.com · €€€

Este suntuoso hotel en La Rambla es todo lo que uno busca de un alojamiento de lujo. El servicio personalizado recuerda a otros tiempos y las habitaciones están exquisitamente decoradas en madera oscura y pan de oro. El edificio tiene una fastuosa historia: fue la sede de la joyería Bagués-Masriera y todavía exhibe algunas de sus piezas más exquisitas.

Antiga Casa Buenavista
📍 D3 🏠 Ronda de Sant Antoni 84 🌐 hotelcasa buenavista.com · €€

La sostenibilidad es uno de los principios básicos de este hotel *boutique* de la familia Molleví. Carece de plásticos o papeles de un solo uso; la iluminación de bajo consumo se alimenta con paneles solares y el hotel utiliza productos locales para sus minibares y su excelente restaurante. Para recorrer la ciudad, ofrece motos de alquiler.

Hotel España
📍 K4 🏠 C/Sant Pau 9-11,
🌐 hotelespanya.com · €€

Los amantes de la estética modernista deberían visitar este hotel lleno de mosaicos. El interior incluye encantadores murales diseñados por Domènech i Montaner, incluida la sala de las Sirenas, quizás el comedor más bello de la ciudad.

Hotel Market
📍 D4 🏠 C/Comte Borrell 68
🌐 hotelmarketbarcelona. com · €

El Hotel Market es la prueba de que las estancias económicas también pueden ser glamurosas. Del vestíbulo cuelga una elegante araña que evoca la grandeza del edificio original, del siglo XIX, mientras que las habitaciones combinan madera oscura y toques rojos. Nada como ponerse las mejores galas y tomarse una copa en la pequeña coctelería.

Ciutat Vella
📍 L1 🏠 C/Tallers 66
🌐 hotelciutatvella.com · €

Un hotel económico y acogedor como el Ciutat Vella siempre es una apuesta segura. Puede que las habitaciones carezcan de detalles de lujo, pero las camas son cómodas y tiene televisión de pantalla plana. Algunas incluso cuentan con balcón o terraza. En la pequeña terraza de la azotea hay un *jacuzzi* donde relajarse y tomar el sol.

Montjuïc

Hotel Miramar
📍 C5 🏠 Plaça de Carlos Ibáñez 3 🌐 hotelmiramar barcelona.com · €€€

Aunque no se pertenezca a la realeza, eso no significa que no puedas alojarte en este palacio reconvertido de 1920. Incluye una interminable lista de lujos, como un *spa*, restaurante de alta cocina y una piscina en unos jardines cuidados.

Hotel Brummell
📍 C5 🏠 Carrer Nou de la Rambla 174 🌐 hotel brummell.brummell projects.com · €€

Escondido en el animado Poble Sec, este hotel *boutique* independiente reúne mucho en poco espacio: un patio ajardinado para el café matutino, una piscina compacta en la azotea y un bar de la honestidad. Se puede probar una clase de yoga o boxeo, ambas gratuitas.

Frente marítimo

W Barcelona

📍E6 🏠 Plaça Rosa Del Vents 1 🌐 marriott.com/en-us/hotels/bcnwh-w-barcelona · €€€

No hay que perderse este icónico hotel, situado en un reluciente edificio junto a la playa. Las habitaciones, sobre todo las de las plantas superiores, dan la sensación de estar durmiendo en lo alto de un mástil, y las instalaciones cumplen con todo lo que se puede imaginar en un hotel de cinco estrellas, especialmente el famoso bar en las nubes, en la planta 26.

Arts

📍G6 🏠 Carrer de la Marina 19–21 🌐 hotelartsbarcelona.com · €€€

El Arts ha estado entre los mejores hoteles de la ciudad desde que se construyó para los Juegos Olímpicos de 1992. Las instalaciones de este reluciente rascacielos son de primera clase, las habitaciones ofrecen vistas panorámicas (algunas incluso con mayordomo) y la glamurosa piscina exterior se presi de una escultura de Gehry.

Hotel Oasis

📍P5 🏠 Pla del Palau 17 🌐 hoteloasis.es · €€

Si se quiere tener una buena base para recorrer los principales sitios de interés del centro de la ciudad, el Hotel Oasis es ese lugar. Está a pocos minutos de los principales monumentos del casco antiguo. También per-

mite ir a los lugares de moda de La Rambla o en dirección a las mejores playas de la Barceloneta.

L'Eixample

El Palace

📍F3 🏠 Gran Via de les Corts Catalanes 668 🌐 hotelpalacebarcelona.com · €€€

La indiscutible gran dama de los hoteles de Barcelona es esta mansión señorial (el antiguo Ritz). Constituye un lujoso remolino de terciopelo rojo, brillantes arañas y porteros con sombrero de copa. En cuanto a las habitaciones, las *suites* llevan el nombre de huéspedes famosos, desde Josephine Baker a Ronnie Wood.

Mandarin Hotel

📍E3 🏠 Passeig de Gràcia 38–40 🌐 mandarinoriental.com/es-es/barcelona · €€€

El Mandarin se ha convertido en un icono de estilo, gracias a la estrella del diseño Patricia Urquiola. La entrada es una pasarela dorada. Una vez superada la pasarela, vale la pena el restaurante con dos estrellas Michelin Moments, donde el chef Raúl Balam ofrece un menú que homenajea la Vuelta Ciclista a España.

Margot House

📍E2 🏠 Passeig de Gràcia 46 🌐 margothouse.es · €

Este encantador hotel *boutique* de nueve habitaciones lleva el nombre de un personaje de la película de Wes Anderson *Los*

Tenenbaums. Una familia de genios. Es un homenaje a la peculiar estética de Anderson, con un interior que combina el diseño nórdico con una mezcla de estampados y esculturas. Quizá sea apropiado que esté enfrente de la Casa Batlló de Gaudí.

Granados 83

📍E2 🏠 C/Enric Granados 83 🌐 hotelgranados83.com · €€

Este ecléctico hotel modernista fue en tiempos un antiguo hospital. Aquí había en tiempos salas frías llenas de catres. Hoy las camas son mullidas y las antiguas salas se han reconvertido en acogedores espacios de ladrillo visto, con madera africana y arte hindú y budista.

Casa Bonay

📍F3 🏠 Gran Via de les Corts Catalanes 700 🌐 casabonay.com · €€

Cada rincón de este local *hipster* rezuma un encanto peculiar que lo convierte en un imán de moda. Dan ganas de hacer fotos a la habitación para subirlas a las redes sociales. También puede uno dirigir a la cafetería y bar, con decoración en terciopelo, en la planta baja. Otra opción es subir a la azotea para reclinarse en los sillones de mimbre y sofás florales.

Hotel Jazz

📍L1 🏠 C/Pelai 3 🌐 hoteljazz.es · €€

¿Qué hace destacar al modesto Hotel Jazz? En primer lugar, su espectacular ubicación, justo al lado de la Plaça Catalunya. En segundo lugar, sus habitaciones minimalistas y cómodas. Y por último, el amable personal.

Praktik Garden

📍 F3 🏠 C/Diputació 325 🌐 hotelpraktikgarden.com · €

El Praktik Garden hace honor a su nombre: jardín. Los motivos vegetales están por todas partes, desde los grabados botánicos que lo decoran a las plantas que adornan el precioso patio con jardín, la terraza de la azotea y el vestíbulo. En este último hay carteles de circo.

Hostal Oliva

📍 E3 🏠 Passeig de Gràcia 32 🌐 hostaloliva.com · €

A los que les guste el encanto del pasado les gustará el Hostal Olivia. Todo en él rezuma historia, desde la edificación *belle époque* hasta el antiguo ascensor de hierro fundido. Las habitaciones son compactas, pero dado el precio asequible y la excelente ubicación, resulta difícil resistirse a este lugar.

Gràcia, Tibidabo y Zona Alta

Hotel Casa Fuster

📍 E1 🏠 Passeig de Gràcia 132 🌐 hotelcasafuster.com · €€€

Esta emblemática mansión modernista era la más cara de la ciudad cuando se construyó en 1904. Aunque ya no conserva ese dudoso honor, aún tiene algo que pocos pueden igualar: el arquitecto responsable de su construcción fue Domènech i Montaner, algunas de cuyas obras son Patrimonio Mundial de la Unesco.

La Casa del Sol

📍 F1 🏠 Plaça del Sol 23 🌐 www.sonder.com/es-es/destinations/barcelona/BCN-SOL23-11/c31099 · €€

El barrio de Gràcia es famoso por sus plazas, y este hotel tiene vistas a la mejor: la Plaça del Sol, repleta de bares de tapas y cafés. Se puede ir de bar en bar, probando los platos típicos, y cuando se precise de un descanso, retirarse a la terraza de la azotea para ver el movimiento desde las alturas.

Casa Gràcia

📍 E1 🏠 Passeig de Gràcia 116 🌐 casagraciabcn.com · €

Rara vez un hotel crea una verdadera comunidad, pero este lugar propicia que los clientes se conozcan entre sí. Se puede congeniar desde los pufs de la sala zen común o alquilar bicicletas y pedalear en grupo por la ciudad.

Lugares de interés de Cataluña

Hotel Aiguaclara

🏠 Carrer Sant Miquel 2, Begur 🌐 hotelaiguaclarabegur.com · €€€

Situado en una hermosa mansión del siglo XIX en Begur, y con solo diez habitaciones, es posible sentir que el Hotel Aiguaclara es un refugio propio. Nada como pasar tiempo en la terraza o deleitarse con la cocina catalana en el restaurante. Pero si se prefiere una excursión a la Costa Brava, está a solo diez minutos.

Casa Vilella

🏠 Passeig Marítim 21, Sitges 🌐 hotelcasavilella.com · €€€

Con una imbatible ubicación en el paseo marítimo de Sitges, este hotel hace fáciles los días de playa. El hotel también tiene jardín y piscina, además de un excelente restaurante y un *spa* bien equipado.

Nord 1901

🏠 C/Nord 7-9, Girona 🌐 nord1901.com · €€

Es difícil encontrar un alojamiento más acogedor que Nord. Ha sido dirigido por la misma familia desde su fundación en 1901 y el ambiente que han creado te hace sentir como en casa. Ninguna petición es demasiado y el personal tiene el cuidado atento que solo se da en familia.

Hostal 977

🏠 Carrer dels Cavallers 4, Tarragona 🌐 hostal977.com · €

Si se es aficionado a lo rústico, el alojamiento ideal es el Hostal 977. Este bonito hostal familiar te hará sentir como en el campo, con sus paredes de piedra y vigas de madera. Además, los monumentos del casco antiguo de Tarragona están a tiro de piedra.

ÍNDICE

FRASES ÚTILES

En caso de emergencia

¡Socorro!	Auxili!
¡Para!	Pareu!
¡Llame a un médico!	Telefoneu un metge!
¡Llame a una ambulancia!	Telefoneu una ambulància!
¡Llame a la policía!	Telefoneu la policia!
¡Llame a los bomberos!	Telefoneu els bombers!
¿Dónde está el teléfono más cercano?	On és el telèfon més proper?
¿Dónde está el hospital más próximo?	On és l'hospital més proper?

Comunicación básica

Sí	Si
No	No
Por favor	Si us plau
Gracias	Gràcies
Perdón	Perdoni
Hola	Hola
Adiós	Adéu
Buenas noches	Bona nit
La mañana	El matí
La tarde	La tarda
La tarde/noche	El vespre
Ayer	Ahir
Hoy	Avui
Mañana	Demà
Aquí	Aquí
Allí	Allà
¿Qué?	Què?
¿Cuándo?	Quan?
¿Por qué?	Per què?
¿Dónde?	On?

Frases habituales

¿Cómo está usted?	Com està?
Muy bien, gracias.	Molt bé, gràcies.
Mucho gusto.	Molt de gust.

Hasta pronto.	Fins aviat.
¿Dónde está/án...?	On és/són?
¿Cuántos metros/ kilómetros hay de aquí a...?	Quants metres/ kilòmetres hi ha d'aquí a...?
¿Por dónde se va a...?	Per on es va a...?
¿Habla castellano?	Parla castellà?
No le entiendo.	No l'entenc.
¿Podría hablar un poco más despacio, por favor?	Pot parlar més a poc a poc, si us plau?
Lo siento.	Ho sento.

Palabras habituales

grande	gran
pequeño	petit
caliente	calent
frío	fred
bueno	bo
mal	dolent
bastante	bastant
bien	bé
abierto	obert
cerrado	tancat
izquierda	esquerra
derecha	dreta
recto	recte
cerca	a prop
lejos	lluny
arriba	a dalt
abajo	a baix
temprano	aviat
tarde	tard
entrada	entrada
salida	sortida
servicios	lavabos/serveis
más	més
menos	menys

De compras

¿Cuánto cuesta?	Quant costa això?
Me gustaría…	M'agradaria…
¿Tienen?	Tenen?
Solo estoy mirando, gracias.	Només estic mirant, gràcies.
¿Aceptan tarjetas de crédito?	Accepten targes de crèdit?
¿A qué hora abren?	A quina hora obren?
¿A qué hora cierran?	A quina hora tanquen?
Este	Aquest
Ese	Aquell
Está bien.	Està bé.
caro	car
barato	bé de preu/barat
talla (ropa)	talla/mida
talla (zapatos)	número
blanco	blanc
negro	negre
rojo	vermell
amarillo	groc
verde	verd
azul	blau
anticuario	antiquari/botiga d'antiguitats
panadería	el forn
banco	el banc
librería	la llibreria
carnicería	la carnisseria
pastelería	la pastisseria
farmacia	la farmàcia
pescadería	la peixateria
frutería	la fruiteria
tienda de comestibles	la botiga de queviures
peluquería	la perruqueria
mercado	el mercat
quiosco de prensa	el quiosc de premsa
oficina de correos	l'oficina de correus
zapatería	la sabateria
supermercado	el supermercat
agencia de viajes	l'agència de viatges

Visitas

galería de arte	la galeria d' art
catedral	la catedral
iglesia	l'església
jardín	el jardí
biblioteca	la biblioteca
museo	el museu
oficina de turismo	l'oficina de turisme
ayuntamiento	l'ajuntament
cerrado por vacaciones	tancat per vacances
estación de autobuses	l'estació d'autobusos
estación de tren	l'estació de tren

En el hotel

¿Tienen una habitación libre?	¿Tenen una habitació lliure?
doble habitación con cama de matrimonio	habitació doble amb llit de matrimoni
habitación con dos camas	habitació amb dos llits/amb llits individuals
habitación individual	habitació individual
habitación con baño ducha	habitació amb bany dutxa
botones	el grum
llave	la clau
Tengo una reserva	Tinc una habitació reservada

En el restaurante

¿Tienen mesa para…?	Tenen taula per…?
Quisiera reservar una mesa.	Voldria reservar una taula.
La cuenta, por favor.	El compte, si us plau.
Soy vegetariano/a	Sóc vegetarià/ vegetariana

camarera	**cambrera**
camarero	**cambrer**
la carta	**la carta**
menú del día	**menú del migdia**
carta de vinos	**la carta de vins**
vaso de agua	**un got d'aigua**
copa de vino	**una copa de vi**
botella	**una ampolla**
cuchillo	**un ganivet**
tenedor	**una forquilla**
cuchara	**una cullera**
desayuno	**l'esmorzar**
almuerzo	**el dinar**
cena	**el sopar**
plato principal	**el primer plat**
entrantes	**els entrants**
plato del día	**el plat del dia**
café	**el cafè**
poco hecho	**poc fet**
al punto	**al punt**
bien hecho	**molt fet**

La carta

l'aigua mineral	agua mineral
sense gas/	sin gas
amb gas	con gas
al forn	al horno
l'all	ajo
l'arròs	arroz
les botifarres	butifarra
la carn	carne
la ceba	cebolla
la cervesa	cerveza
l'embotit	embutido
el filet	solomillo
el formatge	queso
fregit	frito
la fruita	fruta
els fruits secs	frutos secos
les gambes	gambas
el gelat	helado
la llagosta	langosta
la llet	leche
la llimona	limón
la llimonada	limonada
la mantega	mantequilla

el marisc	marisco
la menestra	menestra
l'oli	aceite
les olives	aceitunas
l'ou	huevo
el pa	pan
el pastís	tarta/pastel
les patates	patatas
el pebre	pimienta
el peix	pescado
el pernil salat serrà	jamón serrano
el plàtan	plátano
el pollastre	pollo
la poma	manzana
el porc	cerdo
les postres	postre
rostit	asado
la sal	sal
la salsa	salsa
les salsitxes	salchichas
sec	seco
la sopa	sopa
el sucre	azúcar
la taronja	naranja
el te	té
les torrades	tostadas
la vedella	ternera
el vi blanc	vino blanco
el vi negre	vino tinto
el vi rosat	vino rosado
el vinagre	vinagre
el xai/el be	cordero
la xocolata	chocolate
el xoriç	chorizo

Números

0	**zero**
1	**un (masc)**
	una (fem)
2	**dos (masc)**
	dues (fem)
3	**tres**
4	**quatre**
5	**cinc**
6	**sis**
7	**set**

8	**vuit**	102	**cent dos**
9	**nou**	200	**dos-cents**
10	**deu**		**dues-centes (fem)**
11	**onze**	300	**tres-cents**
12	**dotze**	400	**quatre-cents**
13	**tretze**	500	**cinc-cents**
14	**catorze**	600	**sis-cents**
15	**quinze**	700	**set-cents**
16	**setze**	800	**vuit-cents**
17	**disset**	900	**nou-cents**
18	**divuit**	1.000	**mil**
19	**dinou**	1.001	**mil un**
20	**vint**		
21	**vint-i-un**	**Tiempo**	
22	**vint-i-dos**	un minuto	**un minut**
30	**trenta**	una hora	**una hora**
31	**trenta-un**	media hora	**mitja hora**
40	**quaranta**	lunes	**dilluns**
50	**cinquanta**	martes	**dimarts**
60	**seixanta**	miércoles	**dimecres**
70	**setanta**	jueves	**dijous**
80	**vuitanta**	viernes	**divendres**
90	**noranta**	sábado	**dissabte**
100	**cent**	domingo	**diumenge**
101	**cent un**		

AGRADECIMIENTOS

Edición actualizada por

Colaboración Mary-Ann Gallagher

Edición sénior Dipika Dasgupta, Alison McGill

Diseño sénior Laura O'Brien, Vinita Venugopal

Edición de proyecto Anuroop Sanwaila, Lucy-Sara Kelly

Diseño de proyecto Vidit Vashisht

Edición Tavleen Kaur

Asistencia en documentación fotográfica Manpreet Kaur

Documentación fotográfica sénior Nishwan Rasool

Responsable iconografía adjunto Virien Chopra

Diseño de cubierta Laura O'Brien

Documentación fotográfica de cubierta Claire Guest

Cartografía Ashif, Suresh Kumar

Producción sénior Samantha Cross

Responsable editorial adjunto Dharini Ganesh

Responsable editorial Beverly Smart

Edición de arte Gemma Doyle

Edición de arte sénior Priyanka Thakur

Dirección editorial HollieTeague

Dirección de arte Maxine Pedliham

Dirección de publicación Georgina Dee

DK quiere agradecer a las siguientes personas su contribución a ediciones anteriores: AnneLise Sorensen, Ryan Chandler, Paula Canal, Kate Berens, Hilary Bird, Stephanie Smith, Kathryn O'Donoghue.

Los editores quieren agradecer a las siguientes entidades su amabilidad al conceder su permiso para reproducir sus fotografías:

(Leyenda: a-superior; b-abajo/inferior; c-centro; f-alejado; l-izquierda; r-derecha; t-arriba)

4Corners: Marco Arduino 1

Alamy Stock Photo: Rubens Alarcon 34b, Album 9cr, 13cla (7), Sara Aribó / Pximages / Associated Press 13cla, Sergio Azenha 85, Classic Image 9tl, Ian Dagnall 28t, 28b, David Zorrakino / Associated Press 10bl, Carmen Molina / Sipa US 65, dleiva 19, Rosmi Duaso 125, eye35 68t, Luke Farmer 32clb, Christophe Faugre 63b, Fine Art Images / Heritage Images 25clb, Kevin Foy 13tl, frantic 58tl, Jeffrey Isaac Greenberg 7+ 69, Patrice Hauser / Hemis.fr 114tl, John Henshall 35br, Heritage Image Partnership Ltd 9br, Silvia Isach 60, Jeffrey Isaac Greenberg 5+ 12br, Tim Langlotz / Image Professionals GmbH 64, Javier Larrea 12crb, Lenski / Panther Media GmbH 13cl, Little valleys 112tl, Melvyn Longhurst 58-59b, Iophius 11br, Stefano Politi Markovina 21bl, 24t, 41, 62tr, 70, 86, 103, Ren Mattes / Hemis.fr 89, Hercules Milas 99, Nathaniel Noir 119tr, Matthias Oesterle 74, PePoP 35t, PhotoBliss 8b, Prisma Archivo 9tr, M Ramrez 43br, 88, Juergen Richter / Image Professionals GmbH 31tr, © Successió Miró / ADAGP, Paris and DACS London 2024 37, 106-107b, Marc Soler 123, SOPA Images 43bl, Marek Stepan 112-113b, Topseee 106tl, Lucas Vallecillos 57, Jan Wlodarczyk 5, 14, 15t, 21tl.

AWL Images: Hemis 42, Sabine Lubenow 22t.

Bar Muy Buenas: 96.

Bobby Gin: Pau Esculies 124.

Boo: 122.

Bridgeman Images: © Succession Picasso / DACS, London 2024 39br.

Centre d'Art La Capella, photo by Pep Herrero. Courtesy of La Capella, Institute of Culture of Barcelona: 94

Dorling Kindersley: Departure Lounge / Museu d'Art Contemporani (MACBA), Barcelona 43cb, Palau de la Musica Catalana, Barcelona 41b.

Dreamstime.com: Igor Abramovych 102, Alexvaneekelen 84, Steve Allen 51bl, 91br, Davide Bonaldo 67br, Boule13 12cra, Marco Brivio 66tl, Castecodesign 82, Chbm89 77, Demerzel21 100, Dudlajzov 81tl, Elovkoff 13clb, Elxeneize 22bl, Marta Fernndez 76, iakov Filimonov 49, 72, 83bl, Gazzag 56b, Skrypko Ievgen 121bl, Gábor Kovács 127t, Lanaufoto 131, Lunamarina 66-67b, Marcorubino 21crb, 52, Matteocozzi 46tl, Anamaria Mejia 20c, 27br, Lucian Milasan 33br, Juan Moyano 108, William Perry 130, Jure Porenta 120, Sanguer 55bl, 132, Jacek Sopotnicki 93tl, Tanaonte 75, Tomas1111 46br, 50, Vicnt 101bl, Noppasin Wongchum 92b.

Els Pescadors: 133.

Getty Images: adoc-photos / Corbis 10br, Pol Albarrán 111t, Dan Kitwood 10clb, David Madison 10cla, Mario Marco 13bl, Rolls Press / Popperfoto 11t, Alexander Spatari 63tr, 79.

Getty Images / iStock: anouchka 26bl, Eloi_ Omella 32t, Eva-Katalin / E+ 27t, Gypsy Picture Show 54, Ingenui / E+ 135, Pgiam 6-7, 105t, Juergen Sack / E+ 128, saiko3p 25br, Starcevic 30, Xantana 73.

Holala Ibiza: 95.

La Mar Salada: 109.

Moments / Mandarin Oriental Hotel Group: George Apostolidis 117.

Dry Martini: Javier de las Muelas 115.

Nordic Think: 114b.

OMA Bistró Barcelona: 116.

Polaroids: 87.

Shutterstock.com: andysavchenko 71tl, Jana Asenbrennerova 97, csp 38t, Davix 129bl, Kirk Fisher 29br, Gimas 21cra, David Herraez Calzada 45, Jelena990 36cla, Mirages.nl 23b, Mitzo 40, NoyanYalcin 53tl, Berk Ozdemir 91t, Paulina Patalas-Krawczyk 12cr, Mounir Taha 17t, Sean Xu 17bl.

SuperStock: A. Burkatovski / Fine Art Images 31tl.

Tablao Flamenco Cordobés: 61.

Mapa desplegable:
Getty Images / iStock: Eloi_Omella

Cubierta:
Portada y lomo: **Getty Images / iStock:** Eloi_Omella

Contraportada: **Alamy Stock Photo:** Stefano Politi Markovina tr; **Dreamstime.com:** Boule13 tl, Noppasin Wongchum cl.

Ilustración: Chris Orr & Associates, Lee Redmond

Toda la información de esta Guía Top 10 se comprueba regularmente.
Se han hecho todos los esfuerzos para que esta guía esté lo más actualizada posible a fecha de su publicación. Sin embargo, algunos datos, como números de teléfono, horarios, precios e información práctica, pueden sufrir cambios. Valoramos mucho las opiniones y sugerencias de nuestros lectores. Por favor escriba al correo electrónico: travelguides@dk.com

Las listas Top 10 de esta guía no siguen un orden jerárquico en cuanto a calidad o popularidad. Cualquiera de las 10 opciones, a juicio del editor, tiene el mismo mérito.

De la edición en español
Servicios editoriales Moonbook
Traducción DK
Coordinación editorial Cristina Gómez de las Cortinas
Dirección editorial Elsa Vicente

Impreso y encuadernado en China

Publicado originalmente en
Gran Bretaña en 2002
por Dorling Kindersley Limited
DK, 20 Vauxhall Bridge Road,
London SW1V 2SA, UK

El representante autorizado en el EEE
es Dorling Kindersley Verlag GmbH.
Arnulfstr. 124, 80636 Múnich, Alemania

Copyright 2002, 2025 © Dorling
Kindersley Limited
Parte de Penguin Random House

Título original DK Top 10 Barcelona
Tercera edición, 2026

Reservados todos los derechos. Queda prohibida, salvo excepción
prevista en la ley, cualquier forma de reproducción, distribución,
comunicación pública y transformación de esta obra sin la
autorización escrita de los titulares de la propiedad intelectual.

DK valora y apoya los derechos de autor. En cumplimiento de las
leyes de propiedad intelectual queda prohibida, salvo excepción
prevista en la ley, cualquier forma de reproducción, digitalización,
distribución y transformación de esta obra de cualquier manera sin
autorización. Gracias por adquirir una edición autorizada, de esa
forma apoyas a los autores y haces que DK pueda continuar creando
libros que informan e inspiran a los lectores. Ninguna parte de esta
obra podrá utilizarse ni reproducirse de ninguna manera con el
objeto de entrenar tecnologías o sistemas de inteligencia artificial.
Según lo dispuesto en el Artículo 4 (3) de la Directiva (UE) 2019/790,
DK reserva expresamente el uso de la obra de la excepción relativa a
la minería de textos y datos.

La editorial no se hace responsable de las consecuencias
que se deriven del uso de este libro, ni de cualquier material
que aparezca en los sitios web de terceros, además
no puede garantizar que todos los sitios web de esta guía contengan
información de viajes fiable.

ISBN 978-0-241-73569-5

MIXTO
Papel | Apoyando la
silvicultura responsable
FSC™ C018179
www.fsc.org

Este libro se ha fabricado con papel
certificado por el Forest Stewardship
Council™ como parte del compromiso
de DK por un futuro sostenible.
Para más información, visita la página
www.dk.com/uk/
information/sustainability